Stefano Faita

Entre cuisine et quincaillerie

TRÉCARRÉ

Une compagnie de Quebecor Media

Catalogage avant publication de Bibliothèque et Archives nationales du Québec
et Bibliothèque et Archives Canada

Faita, Stefano
    Stefano Faita : entre cuisine et quincaillerie
    Comprend un index.
    ISBN 978-2-89568-322-3
    1. Cuisine. I. Titre.
TX714.F34 2007   641.5   C2007-941583-0

Éditeur : Martin Balthazar
Révision : Carole Lambert
Correction d'épreuves : Anik Charbonneau
Conception de la couverture : Chantal Boyer
Conception de la grille graphique : Kuizin
Mise en pages : Chantal Boyer
Photographies : Claudine Sauvé
Assistants photo : Guillaume Mérineau et Sarah Gauthier
Styliste culinaire : Anne Gagné
Styliste d'accessoires : Julie Breton assistée de Marie-Noëlle Klis
Illustrations : Christine Battuz

Remerciements
Les Éditions du Trécarré reconnaissent l'aide financière du gouvernement du Canada
par l'entremise du Programme d'aide au développement de l'industrie de l'édition
(PADIÉ) pour ses activités d'édition. Nous remercions la Société de développement
des entreprises culturelles du Québec (SODEC) du soutien accordé à notre programme
de publication. Gouvernement du Québec – Programme de crédit d'impôt pour l'édition
de livres – gestion SODEC.

Dépôt légal – Bibliothèque et Archives nationales du Québec
et Bibliothèque et Archives Canada, 2007

Imprimé au Canada

Éditions du Trécarré
Groupe Librex inc.
Une compagnie de Quebecor Media
La Tourelle
1055, boul. René-Lévesque Est
Bureau 800
Montréal (Québec) H2L 4S5
Tél. : 514 849-5259
Téléc. : 514 849-1388

Distribution au Canada
Messageries ADP
2315, rue de la Province
Longueuil (Québec) J4G 1G4
Téléphone : 450 640-1234
Sans frais : 1 800 771-3022

© Éditions du Trécarré, 2009

ISBN : 978-2-89568-322-3

sommaire

Préface

Je l'ai connu, il n'avait pas encore dix-huit ans mais, les petites rides de joie en moins, il avait les mêmes yeux remplis de franchise. Stefano n'a rien à cacher, il est comme il est : c'est pour cela que, quand on le rencontre, on a souvent la bonne impression de déjà le connaître. Cette naïveté, qu'il prend consciemment pour déballer tout ce qui lui vient en tête, n'est qu'un hommage qu'il rend au plaisir de vivre, avec le courage d'en assumer les conséquences. C'est sa façon à lui d'évoluer sans tricherie, avec honnêteté, dans ce monde mouvementé.

Je crois qu'il a eu la piqûre pour la cuisine à l'époque où il donnait des cours avec sa mère Elena et moi à l'école de cuisine Mezza Luna. Ceux qui nous connaissent vous le diront, avec Elena à la barre, la chimie entre nous trois s'est produite instantanément. On avait l'impression de vivre une période marquante de notre vie, un moment unique.

Avec son bagage culinaire familial et l'expérience qu'il avait acquise, Stefano ne partait pas de zéro et, lorsqu'il a compris qu'il se dirigerait vers la bouffe, rien ne pouvait maintenant l'arrêter.

Ce livre est une suite logique à tout ce qu'il a vécu depuis. Il vous donne aujourd'hui la chance d'être complice de ce qu'il a amassé comme recettes et trucs culinaires au cours des dernières années. Vous découvrirez un Stefano pétillant qui vous rafraîchira les idées et les papilles avec toute son énergie.

Aujourd'hui, je contemple ton cheminement et je constate que tu es devenu une inspiration pour moi, des bulles dans du champagne. Je bois ce verre à ta santé.

Salut, mon beau Scorpion !

Martin Picard
Chef propriétaire du restaurant Au Pied de Cochon

J'imagine que, la plupart du temps, personne – ou à peu près – ne se demande ce qu'implique la production d'un livre de recettes au moment de l'utiliser. En guise d'introduction, j'ai donc choisi de parler un peu du processus qui a permis au gourmand que je suis de vous présenter ce livre destiné à votre plaisir en cuisine. Le travail en tant que tel, bien que long, n'est pas vraiment difficile, surtout si l'auteur possède une formation culinaire. Pour quelqu'un comme moi, cependant, qui a appris la cuisine par essais et erreurs, certaines facettes du travail sont plus exigeantes que d'autres.

Tout a commencé en décembre 2006, et j'ai peine à croire que vous tenez aujourd'hui ce livre entre vos mains. Je comprends maintenant le travail effectué par ceux qui écrivent des livres de recettes (ou toute autre sorte de livres d'ailleurs) : il y a loin de la coupe aux lèvres. Mais, au tout début, il y a toujours l'idée. Dans mon cas, l'idée était de partager mon amour de la cuisine et de la nourriture en relatant brièvement l'histoire de ma famille, car les deux sont indissociables. Vous trouverez une partie de cette modeste histoire racontée en trois volets dispersés dans le livre.

Après avoir complété cette tâche biographique, il était temps de choisir mes recettes préférées, celles que j'ai mangées et partagées avec ma famille, mes amis et même tous ces étrangers qui ont cuisiné pour moi dans les restaurants d'ici et d'ailleurs. Glanées ici et là, de Montréal jusqu'en Italie, je pense sincèrement que ces recettes sont un reflet assez exact de moi-même.

Pour parvenir à une sélection finale, il a fallu sortir le couperet et éliminer des recettes. Ce fut l'une des parties les plus difficiles de toute l'aventure. Quand on est fou

Introduction

de la nourriture, on a tendance à en ajouter plutôt qu'à en enlever! Dans cet océan de saveurs, il me fallait trier le salé du sucré, le velouté de l'épicé. Une chose est sûre, les recettes proposées sont faciles à exécuter. C'est une leçon que j'ai retenue de ma mère : en cuisine, il faut autant que possible essayer de garder les choses simples.

L'étape suivante consistait à photographier chacun des plats retenus en les préparant selon la méthode proposée dans le livre, et ainsi s'assurer de la validité des recettes. C'était la partie du travail la plus agréable, même si au bout du compte j'ai fini par prendre quelques kilos. Aurais-je sérieusement pu envisager de préparer toutes ces recettes sans les manger? Toute l'équipe et moi-même avons été tout sourire, la bouche pleine, durant les seize jours des séances de photos.

Croyant avoir fini mon labeur, je ne me doutais pas que le vrai travail d'édition commençait. Il fallait passer à l'étape de la révision, qui consiste à s'asseoir en tête à tête avec le manuscrit pour le lire, le relire, encore et encore… Vers la fin, j'étais poursuivi dans mes cauchemars par des tomates carnivores géantes qui voulaient me mijoter à feu doux jusqu'au matin!

Comme tout finit par finir, voici le fruit de ce travail dans lequel vous découvrirez, j'espère, que pour un gars ordinaire comme moi la cuisine est devenue au fil des années une vraie passion en plus d'un métier. À travers ces pages, vous verrez aussi que la cuisine peut être simple et agréable. Je me suis efforcé de vous présenter des recettes qui, à mon avis, sont savoureuses et authentiques. Essayez-les, faites-moi savoir ce que vous en pensez et régalez-vous avec votre famille et vos amis le plus souvent possible, aussi longtemps qu'elles vous plairont.

America
America

Mardi matin

storia della famiglia 1/3

Mardi matin à la Quincaillerie Dante. Je suis au téléphone avec mon oncle Giuseppe, un personnage ayant une tendance naturelle à l'exagération. Ma mère semble bien se douter de qui est au bout du fil, car elle me lance un drôle de regard inquisiteur! En fait, mon oncle Giuseppe est assez divertissant, même si ses monologues sont parfois un brin redondants. Il raconte toujours ses vieilles histoires avec assez de conviction pour passionner ses auditeurs. Il faut que je me prête au jeu, car je lui ai demandé de me parler des débuts de la Quincaillerie Dante pour vous les raconter dans ce livre.

Tout a commencé en Italie, quand mon grand-père Luigi a décidé de quitter son pays à la recherche d'une vie meilleure dans ce qu'il appelait l'Am-e-rica (avec une très forte insistance sur la voyelle e, prononcée é). Plusieurs raisons, dont le bien-être matériel des membres de sa famille et l'espoir d'un avenir meilleur, ont motivé mon grand-père à émigrer. Quitter l'Italie pour se rendre au Canada fut toute une entreprise, car mon grand-père n'avait pas l'argent nécessaire pour payer le voyage à toute sa famille. Il a donc laissé les siens derrière. Le désir de les ravoir auprès de lui a sûrement nourri ses ambitions au cours des mois qui ont suivi son arrivée au Québec. Il s'est mis à travailler à la construction des chemins de fer et à économiser presque tout son salaire. En deux ans, il a réussi à amasser suffisamment d'argent pour payer le voyage transatlantique aux membres de sa famille. En 1954, ma grand-mère Teresa est débarquée à Halifax en compagnie de ses quatre enfants, Antonio, Giuseppe, Maria et, la dernière et non la moindre, ma très chère mère Elena! Dépaysés et quelques peu craintifs, les nouveaux arrivants ont finalement abouti à Montréal où ils trouvèrent un petit appartement où se loger.

Se sentir ici chez eux

Les choses ont suivi leur cours. Doucement, et un peu à leur étonnement, les membres de la famille Vendittelli ont commencé à se sentir ici chez eux. Ils n'auraient tout d'abord pas cru la chose vraiment possible, pas dans un endroit

avec style les gens du quartier, qu'on appelle aujourd'hui la Petite Italie, il chantait et jouait de la guitare pour divertir ses compatriotes. Il gardait constamment ouvert son œil d'entrepreneur pour parvenir à dénicher le filon qui améliorerait sa condition.

001 Grand-papa Luigi, Montréal, 1952 **002** La famille Vendittelli arrive à Montréal, 1954

002

001

aussi différent, mais le temps a fait son œuvre et d'immigrants qu'ils étaient, ils se sont mis à se sentir habitants. C'est à cette époque que mon grand-père a abandonné les chemins de fer pour le domaine de la construction, afin de subvenir aux besoins de la famille qui continuait de s'accroître avec la naissance récente de Rodolfo. Maintenant qu'un logis était en train de prendre forme, la famille Vendittelli se sentait prête à prendre le taureau par les cornes pour se faire une place au soleil comme elle le pourrait.

Il faut ici parler un peu de Raffaele, le frère de ma grand-mère Teresa, qui avait lui aussi choisi de suivre le sentier de migration défriché par mon grand-père. Il était, pour le moins qu'on puisse dire, un capitaliste convaincu et il avait décidé de mettre à profit son expertise de barbier. En plus de coiffer

Ferramenta Dante

Un beau jour, il apprit que l'épicerie située au coin des rues Saint-Dominique et Dante, juste en face de son salon, était à vendre. Il l'acheta et la transforma en quincaillerie dans le but de satisfaire à la demande grandissante des gens du quartier pour les outils fabriqués en Italie. En 1956, la Ferramenta Dante voyait le jour !

Néanmoins, Raffaele avait encore le goût d'étendre ses activités. Il n'existait pas encore de théoriciens du marketing et de gourous de la satisfaction du client, mais certains individus avaient naturellement du flair.

Grâce au succès relatif de la quincaillerie, il put s'aventurer à ouvrir un hôtel
avec restaurant dans le village de Saint-
Calixe. Comme il ne pouvait pas mener
seul ce projet, il s'associa à une personne
de confiance, ma grand-mère Teresa, qui
devint propriétaire avec lui. En un rien
de temps, la clientèle se mit à affluer à
l'hôtel où ma grand-mère travaillait à titre
de chef. (On entend encore parfois des
gens se remémorer la qualité de la nourriture à l'hôtel de Saint-Calixe.) Toutefois, comme on le sait tous, les entreprises familiales sont parfois le théâtre de
conflits internes, et c'est oc qui arriva.

est inscrite la mention : pas de crédit. La
famille a retenu la leçon!) L'expérience
des Vendittelli dans le commerce de dé-
tail était inversement proportionnelle à
leur enthousiasme. Néanmoins, il fallait
parvenir à donner une identité propre
au commerce. C'est ce qui inquiétait le
plus mes grands-parents. Ils étaient
toutefois encouragés par le fait que les
deux aînés de la famille, Antonio et Giuseppe, semblaient avoir un plan d'action.
Lentement, ils réussirent à donner à
l'établissement un esprit et un cachet
propre. « Faisons de la quincaillerie un
authentique magasin général italien et

003 Mon oncle Antoine et des
clients fidèles **004** Section chasse
dans la Quincaillerie Dante.
005 Procession de la Vergine
Maria en tracteur **006** La belle
Elena et mon oncle Rudy..

003

Teresa et Raffaele décidèrent sagement
de mettre fin à leur association d'affai-
res en se partageant les biens. L'hôtel
demeura la propriété de Raffaele, tandis que la Ferramenta Dante devint une
entreprise gérée par une seule famille,
celle de mes grands-parents.

Pas de crédit

La transition ne se fit pas sans difficulté.
Toute la marchandise devait être payée
sur réception, car l'entreprise n'avait pas
encore acquis de marge de crédit. (On
peut d'ailleurs voir, encore aujourd'hui
derrière la caisse de la quincaillerie, un
panneau datant de cette époque sur lequel

offrons aux familles du coin un endroit
où ils pourront trouver les objets qu'ils
ont laissés derrière eux en quittant le
vieux pays. Nous parviendrons peut-
être même à faire connaître aux gens
d'ici notre culture à travers les produits
que nous vendons ! »

Le magasin est bel et bien devenu une
sorte d'entrepôt rempli de centaines d'articles répondant aux besoins des immigrants italiens de Montréal. La Ferramenta Dante est devenue le magasin
général de la communauté italienne. On
y trouvait de la peinture, des machines
à presser les tomates, du matériel pour
préparer le vin, des vis et des marteaux,

des paniers et des semences... Bref, tout les articles que l'on peut imaginer utiles à la vie de tous les jours en Italie, disposés sans réel souci d'esthétique, mais avec un grand savoir-faire dans l'art d'empiler.

Quelques années plus tard, après la naissance de Mauro, le cadet de la famille, la décision fut prise de se rapprocher du lieu de travail. Tout le monde emménagea dans un appartement de la rue Henri-Julien, juste en face du marché Jean-Talon. Forts de leur expérience grandissante, Antonio et Giuseppe commençaient à savoir comment

Elena

En 1968, après avoir travaillé pour les compagnies Laura Secord et Toy World, Elena s'est jointe à ses deux frères aînés, qui étaient devenus les principaux actionnaires de la Ferramenta Dante. Elle a tôt fait de prendre à sa charge les tâches administratives du magasin, forte de ses expériences passées. Heureusement, car peu de temps après, en 1971, Giuseppe décida de quitter le commerce pour se consacrer à sa passion première, la musique, après avoir obtenu une bourse lui permettant d'aller étudier l'opéra en Italie.

005

006

faire plaisir à leur clientèle. Ils prirent alors la décision majeure d'ouvrir un rayon d'armes à feu, lequel fait encore partie intégrante de la quincaillerie. Il s'agissait d'un petit coup de génie pour la rencontre des cultures, car la chasse était et demeure encore aujourd'hui un passe-temps populaire, tant dans la communauté italienne que chez les Québécois de souche. C'est à cette époque que ma grand-mère Teresa s'est mise à travailler pour un fermier local au marché Jean-Talon, vendant des fleurs au cours des mois chauds de l'été et des légumes à l'automne. Mon grand-père Luigi travaillait en construction. Il a lui aussi fini par trouver du travail au marché aux côtés de ma grand-mère.

Dans les années suivantes, les magasins à grande surface commencèrent à apparaître. Pour survivre, la Ferramenta Dante dut encore une fois s'adapter. Le savoir-faire de Rodolfo dans le domaine de la chasse et des armes à feu s'était transformé en réelle passion, tandis que les sœurs Maria et Elena troquaient lentement, mais sûrement, les outils du magasin pour des articles de cuisine et de maison. En 1981, Antonio et Giuseppe décidèrent de vendre leur magasin à leurs deux sœurs, Maria et Elena, ainsi qu'à leur frère Rodolfo. Il va sans dire que l'expression « entreprise familiale » prend tout son sens dans le cas de la Quincaillerie Dante !

P.-S. Mon oncle Giuseppe m'a confié cette anecdote: « Le premier fusil que nous avons vendu chez Dante était de marque Stevens, modèle 311, calibre 12. Je l'avais acheté 70 $ chez Omer DeSerres et l'avait revendu 75 $. »

Mes recettes

de base

Quelles sont-elles ? Il s'agit de recettes simples qui sauront faire sourire la plupart des gourmands, dont moi-même. En combinant ces recettes les unes aux autres, vous obtiendrez des plats plus élaborés qui pourraient vous rendre dépendants à la nourriture jusqu'à la fin de vos jours !

AVERTISSEMENT. Ces recettes ne sont pas présentées dans un ordre classique. Au lecteur qui s'en offenserait et qui m'en tiendrait rigueur pour un nombre incalculable d'années, je conseillerais de feuilleter le livre pour découvrir la logique simple et pratique qui sous-tend l'ordre de présentation.

Bouillon de poulet maison

Ingrédients

1 demi-poule ou chapon

2 pommes de terre

3 carottes

3 branches de céleri

1 oignon

1 tomate

1 grosse poignée de persil italien

eau (environ 4 l)

1 Déposer tous les ingrédients dans une grande marmite.

2 Verser assez d'eau dans la marmite pour recouvrir tous les ingrédients.

3 Amener à ébullition et laisser mijoter 2 heures à feu moyen.

4 Filtrer le liquide dans une passoire et le bouillon est prêt.

Note : N'oubliez pas qu'une fois le bouillon terminé, la viande et les légumes sont un repas parfait. Assaisonnez d'un peu d'huile d'olive et de sel de mer, et le tour est joué ! Encore mieux, servez la viande avec la salsa rosa (p. 025) ou la salsa verde (p. 025), un délice !

Salsa madre

Vinaigrette balsamique

Salsa madre

Ingrédients

900 g (2 lb) de tomates cerises entières et bien mûres

4 c. à soupe d'huile d'olive extra vierge

2 gousses d'ail pelées et écrasées

1 poignée de basilic haché

sel au goût

1 Commencer par faire une petite incision avec le bout d'un couteau d'office sur toutes les tomates.

2 Dans une poêle en acier inoxydable, faire chauffer l'huile.

3 Ajouter l'ail et le laisser revenir environ 2 minutes.

4 Quand l'ail est doré, ajouter les tomates cerises.

5 Laisser revenir une dizaine de minutes, ou jusqu'à ce que les tomates éclatent et que l'eau s'évapore.

6 À la fin de la cuisson, ajouter le basilic frais et bien mélanger. Assaisonner de sel.

Note : Cette sauce est probablement l'une des meilleures qui existent ! Vous pourrez l'utiliser sur des pâtes et de la pizza.

Vinaigrette balsamique

Ingrédients

4 c. à soupe d'huile d'olive extra vierge

2 c. à soupe de vinaigre balsamique

1 c. à soupe de moutarde de Dijon

2 c. à soupe de mayonnaise

sel et poivre au goût

Fouetter tous les ingrédients ensemble !

Huile de piments forts

Ingrédients   Pour 3 pots Mason de 125 ml

8 petits piments séchés

240 ml (1 tasse) d'huile d'olive extra vierge

2 gousses d'ail

3 c. à thé de gros sel de mer

1 Enlever la queue des piments séchés, les couper en 2 et retirer toutes les graines. Une fois les piments bien vidés, les couper en petits morceaux.

2 Dans un mélangeur, mélanger ensemble l'huile d'olive, l'ail et le sel de mer.

3 Laver et sécher 3 pots Mason de 125 ml et y mettre les piments en portions égales.

4 Remplir les pots du mélange d'huile d'olive et les refermer.

5 Laisser reposer dans un endroit frais à l'abri de la lumière pendant un mois.

Pâte à pizza

Ingrédients   Pour une pizza de 30 x 45 cm

1 c. à thé de sucre

300 ml (1 ¼ tasse) d'eau tiède (légèrement plus chaude que la température du corps)

30 g (1 oz) de levure de bière

325 g (2 ½ tasses) de farine de type 00 (ou de farine tout usage)

70 g (½ tasse) de semoule

1 c. à thé de sel

1 Dans un bol, dissoudre le sucre dans l'eau et y mélanger la levure.

2 Dans un autre bol, mélanger la farine, la semoule et le sel.

3 Verser le mélange liquide dans les ingrédients secs.

4 Former une boule de pâte et la pétrir de 5 à 7 minutes, jusqu'à ce qu'elle devienne lisse et qu'elle cesse de coller à la planche à pétrir (il faudra peut-être ajouter un peu de farine sur la planche).

5 Laisser reposer la boule de pâte de 30 à 40 minutes à la température ambiante dans un bol recouvert d'un linge propre.

6 Le volume de la pâte devrait avoir doublé après ce laps de temps.

7 Presser la pâte avec les doigts et l'aplatir pour en faire sortir l'air. Rouler de nouveau la pâte en boule et la laisser gonfler encore de 30 à 40 minutes.

8 Abaisser ensuite la pâte et la déposer sur une plaque à pizza !

Pasta frolla
Pâte brisée

Ingrédients

230 g (1 ³/₄ tasse) de farine de type 00 (ou de farine tout usage)

110 g (4 oz) de beurre ramolli taillé en petits cubes

120 g (²/₃ tasse) de sucre

3 jaunes d'œufs

le zeste de 1 citron

1 pincée de sel

1 Dans un grand bol, mélanger la farine, le beurre, le sucre, les 3 jaunes d'œufs, le zeste de citron et le sel.

2 Avec les mains, mélanger les ingrédients délicatement pour former une boule de pâte. Ne pas trop travailler la pâte. Fariner la pâte légèrement quand elle est bien homogène, avant de l'emballer dans une feuille de pellicule plastique. Laisser reposer la pâte au réfrigérateur 30 minutes.

3 Sortir la pâte du réfrigérateur et la rouler pour former un cercle de 3 ou 4 mm d'épaisseur.

4 Graisser une assiette à quiche de 28 cm avec le fond amovible et étendre la pâte sur l'assiette. Couper l'excédent de pâte tout autour de l'assiette.

Mare spice

Mélange d'épices à poissons

Ingrédients   Pour un pot Mason de 125 ml

3 c. à soupe de sarriette séchée

3 c. à soupe d'estragon séché

3 c. à soupe de thym séché

1 c. à soupe de poudre de gingembre

1 c. à soupe de coriandre en grains

1 c. à soupe d'aneth séché

1 c. à soupe de poivre vert en grains

Déposer tous les ingrédients dans le mortier et les pilonner inlassablement jusqu'à l'obtention de la texture désirée !

Polenta

Ingrédients   Pour 6 personn

1,45 l (6 tasses) d'eau

2 c. à thé de sel

540 g (3 tasses) de semoule de maïs

2 c. à soupe de beurre

1 Faire bouillir l'eau salée.

2 Incorporer petit à petit la semoule avec un fouet pour éviter que des grumeaux ne se forment.

3 Cuire à feu moyen pendant 45 minutes en remuant de temps en temps.

4 Ajouter le beurre et bien mélanger.

5 En garnir un plat de service.

Salsa verde

Ingrédients

oignées d'herbes fraîches (persil italien, basilic, cerfeuil,
nthe, feuilles de céleri)

ousse d'ail

lets d'anchois

g (1 oz) de câpres

uf cuit dur

à soupe d'huile d'olive extra vierge

à soupe de vinaigre de vin rouge

et poivre au goût

sser tous les ingrédients au robot pour obtenir une
lle texture onctueuse. Ou utiliser un mélangeur à main
uni d'une tête interchangeable permettant de hacher
s aliments. Ajouter de l'huile si votre robot a du mal à
ut bien mélanger !

Salsa rosa

Ingrédients

3 tomates italiennes

4 c. à soupe d'huile d'olive extra vierge

1 gousse d'ail émincée

1 demi-oignon émincé

1 demi-carotte coupée en dés

1 c. à soupe de piments forts dans l'huile émincés

1 c. à soupe de vinaigre de vin rouge

1 c. à thé de sucre

sel au goût

2 c. à soupe de mayonnaise

1 Enlever les graines des tomates et les couper en
petits cubes.

2 Dans une petite poêle, faire chauffer l'huile d'olive,
ajouter l'ail, l'oignon, la carotte et les piments forts.

3 Ajouter les tomates, le vinaigre, le sucre et
assaisonner avec le sel.

4 Laisser mijoter jusqu'à ce que le liquide se soit évaporé
et que la sauce épaississe.

5 Retirer du feu et laisser refroidir.

6 Mettre la sauce dans un mélangeur et mélanger
pour obtenir une purée.

7 Dans un petit bol à mélanger mettre la sauce
et ajouter la mayonnaise.

8 Mélanger et ajouter un peu d'huile d'olive pour obtenir
une texture crémeuse.

Note: Si la sauce est trop épaisse dans le mélangeur,
ajoutez 2 à 4 c. à soupe d'eau chaude.

Les ingrédients essentiels

dans ma
cuisine

S'il y a une chose que j'ai pu apprécier durant les sept ans où j'ai vécu au cœur de la Petite Italie, c'est la présence du marché Jean-Talon. Je visite cet endroit presque chaque jour, pour préparer mes cours de cuisine ou tout simplement pour me nourrir. Si vous veniez à la maison, vous vous rendriez compte que le garde-manger et le réfrigérateur sont très peu garnis, sauf pour mes conserves de tomates! Il y a toutefois quelques ingrédients qui m'apparaissent absolument nécessaires. Bienvenue chez moi!

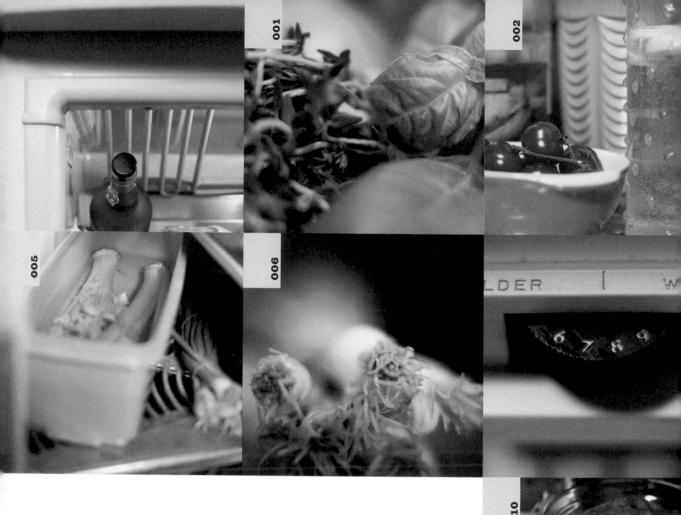

Le frigo

Le garde-manger

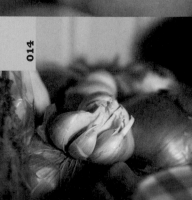

Mes classiques

italiens

Ce chapitre est un hommage à la culture culinaire italienne que j'aime tant. Certains d'entre vous connaîtront peut-être déjà ces recettes classiques provenant d'un peu partout en Italie. Jetez-y tout de même un coup d'œil, car plusieurs d'entre elles ont un petit quelque chose de nouveau. J'espère que ces recettes parviendront à survoler un tant soit peu l'évolution de la cuisine du pays, de la frittata la plus simple au plus fabuleux risotto à la bette à carde. Il faut l'admettre, il n'existe rien de meilleur qu'un vrai classique !

Asparagi con uovo in cereghino

Asperges avec œuf mi-mollet

Ma mère nous forçait toujours à manger nos légumes et les asperges n'allaient sûrement pas faire exception. En vieillissant, je trouve même qu'il s'agit d'une entrée parfaite pour une première rencontre ! Il s'agit d'un plat raffiné, la présentation est séduisante et son goût est délicieux. Bref, un plat parfait pour faire bonne impression.

truc

Si vous parvenez à trouver des asperges suffisamment petites, vous n'aurez pas à peler les tiges. Quand les asperges sont cuites à point, plongez-les dans l'eau froide pour en arrêter immédiatement la cuisson et préserver leur belle couleur verte. Enfin, ne vous gênez pas pour y aller généreusement avec le beurre (non salé, autant que possible).

Ingrédients — Pour 4 personnes

450 g (1 lb) d'asperges (les tiges pelées)	4 œufs
5 c. à soupe d'huile d'olive extra vierge	12 copeaux de fromage parmigiano reggiano
2 c. à soupe de beurre	sel et poivre au goût

1 Blanchir les asperges dans l'eau salée et suivre mes trucs. Réserver.

2 Faire chauffer l'huile et le beurre dans une poêle.

3 Casser les œufs aussi près que possible de la poêle pour qu'ils figent en s'étendant le moins possible sur la surface.

4 Après une minute, retourner les œufs (lorsque le jaune commence à figer). Prendre soin de ne pas trop cuire les œufs. Idéalement le jaune devrait être encore un peu coulant.

5 Déposer les asperges tièdes sur 4 assiettes en portions égales.

6 À l'aide d'une spatule, déposer les œufs sur les asperges.

7 Couler un filet de beurre sur les plats et garnir de copeaux de parmesan.

8 Assaisonner avec du sel et du poivre. Servir chaud accompagné de croûtons.

Sandwichs à la sicilienne

Je me souviens du jour où j'ai mangé ce plat pour la première fois comme si c'était hier. Mon ami Giuseppe nous l'avait cuisiné sur un vieux gril au charbon de bois, sur une plage de Sicile. Il s'agit de la cuisine dans sa plus simple expression. Et que demander de plus ?

truc

Si vous ne possédez pas de barbecue, vous pouvez simplement faire griller l'aubergine dans une poêle. Une fois les sandwichs faits, placez-les au four jusqu'à ce que le fromage ait fondu. Vous devriez trouver le fromage fontina assez facilement. Vous pouvez également le remplacer par tout autre fromage qui fond facilement. L'important, c'est qu'il vous plaise.

Ingrédients   Pour 4 personnes

2 grosses aubergines

8 tranches de prosciutto

8 tranches de fromage fontina

4 c. à soupe d'huile d'olive extra vierge

110 g (1 tasse) de chapelure

1 Laver les aubergines et les couper en tranches de 1 cm.

2 Tremper les tranches dans l'huile d'olive des 2 côtés, puis les enrober entièrement de chapelure.

3 Chauffer le barbecue à 500°C et griller les tranches d'aubergine en prenant soin de les griller de chaque côté.

4 En utilisant les tranches d'aubergine comme des tranches de pain, former un sandwich avec le prosciutto et le fromage fontina.

5 Fermer le barbecue et cuire jusqu'à ce que le fromage fonde.

6 Servir les sandwichs d'aubergine avec un peu de salsa madre (p. 019).

Gnocco fritto

Cette recette est typique de la ville de Modène. Ma sœur me l'a fait connaître en voyage, en Italie. Servez ces délicieux petits pains frits bien chauds accompagnés de charcuterie et de fromages forts. Vous pourrez difficilement vous modérer !

truc

Soyez prudent et vérifiez la température de votre huile pour ne pas qu'elle brûle. Si vous êtes un maître de la pizza cette recette sera une vraie partie de plaisir ! Aussi ne vous gênez pas pour assaisonner ces petits pains de romarin frais, de thym, de piments forts séchés ou d'un peu de fleur de sel… délicieux !

Ingrédients   Pour 6 à 8 gnocchi

55 g (2 oz) de levure de bière	1 c. à soupe d'huile d'olive extra vierge
240 ml (1 tasse) d'eau tiède	1 c. à thé de sel
585 g (4 ½ tasses) de farine de type 00 ou tout usage	120 ml (½ tasse) de lait
	Huile de tournesol ou d'arachide (pour la friture)

1 Dissoudre la levure dans l'eau tiède. Déposer ensuite tous les ingrédients (à l'exception de l'huile pour la friture) dans un bol et bien les mélanger pour former une boule de pâte.

2 Laisser la pâte couverte dans un endroit tiède environ 30 minutes gonfler. À l'aide d'un rouleau, abaisser la pâte à une épaisseur d'environ 5 à 8 mm.

3 Couper ensuite 6 à 8 cercles de pâte d'environ 20 cm de diamètre ou d'un diamètre légèrement inférieur à celui de votre poêle à frire.

4 Dans une poêle, faire chauffer l'huile jusqu'à ce qu'elle approche 190 °C (375 °F). Cuire les cercles de pâte un à la fois, jusqu'à ce qu'ils soient dorés des deux côtés.

Frittata della nonna
Frittata de ma grand-mère

Ma grand-mère Angela préparait cette recette un vendredi sur deux. Elle était pieuse au point de respecter cette tradition catholique immémoriale proscrivant la viande le vendredi. Si vous coupez cette frittata en petits cubes, vous obtiendrez l'amuse-gueule parfait. Vous pouvez même l'utiliser comme garniture à sandwich. Grand-maman pensait à tout !

truc

Quand vous ajoutez les œufs dans la poêle, ne mélangez plus. Attendez qu'ils figent afin de pouvoir retourner la frittata plus facilement. Retourner les omelettes devient une tâche facile avec les nouvelles poêles à frittata. Vous pouvez également cuire la frittata au four sans la retourner et la servir telle quelle, coupée en pointes.

Ingrédients   Pour 4 personnes

6 œufs	sel et poivre au goût
4 c. à soupe de lait	1 oignon émincé
70 g (⅔ tasse) de fromage parmigiano reggiano râpé	3 c. à soupe d'huile d'olive extra vierge
	280 g (10 oz) d'épinards blanchis hachés

1 Battre les œufs légèrement dans un bol à mélanger de taille moyenne, puis y ajouter en fouettant le lait et le fromage. Assaisonner au goût.

2 Dans une poêle, faire revenir l'oignon dans l'huile d'olive chaude. Quand l'oignon devient transparent, ajouter les épinards hachés. Laisser cuire 2 minutes avant d'incorporer le mélange d'œufs.

3 Agiter doucement la poêle pour que le mélange se répartisse uniformément sur toute la surface. Réduire le feu à moyen et laisser cuire 5 à 7 minutes ou jusqu'à ce que le mélange fige complètement.

4 Retourner la frittata sur une assiette et la glisser de nouveau dans la poêle. Laisser cuire 3 minutes supplémentaires, puis servir immédiatement.

Gnocco fritto

Frittata della nonna

Zuppa di pesce

Soupe de poisson

Je rendais visite à un bon ami quand j'ai mangé cette soupe pour la première fois. Je le regardais cuisiner et tout m'a paru si facile que je n'en revenais pas du tout. Une demi-heure et tout était prêt. Depuis, j'ai préparé le plat assez souvent pour modifier un peu la recette de base. Vous devriez adorer.

truc

Faites tremper les palourdes dans l'eau 20 minutes pour les débarrasser du sable résiduel. Si elles ne s'ouvrent pas en 5 minutes de cuisson, laissez-les cuire un peu plus longtemps. Si les palourdes ne s'ouvrent toujours pas, retirez-les de la soupe, car elles ne sont pas bonnes. Si vous voulez être certain de ne pas trop cuire les crevettes, plongez-les dans la soupe après l'avoir retirée du feu. La chaleur résiduelle devrait suffire pour les cuire, selon leur grosseur.

Ingrédients — Pour 4 personnes

1,20 l (5 tasses) d'eau	12 palourdes
2 gousses d'ail coupées en 2	12 crevettes moyennes, décortiquées et déveinées
2 tomates italiennes coupées en 8 morceaux	sel au goût
450 g (1 lb) de morue fraîche	1 poignée de persil italien haché
450 g (1 lb) d'espadon (coupé en gros cubes)	

1 Verser l'eau dans une casserole et y mélanger l'ail, les tomates et la morue. Chauffer à feu élevé jusqu'à ébullition.

2 Quand l'eau bout, réduire à feu moyen et laisser mijoter une vingtaine de minutes.

3 Ajouter l'espadon et les palourdes et poursuivre la cuisson 5 minutes ou jusqu'à l'ouverture des palourdes. Ajouter alors les crevettes.

4 Saler la soupe et la garnir de persil. Servir immédiatement.

Minestrone à la roquette

Un mélange classique de bouillon de poulet et de légumes. Le secret pour réussir cette soupe, c'est de préparer soi-même son bouillon. Et l'ajout de roquette à la fin de la cuisson vient donner une délicieuse touche de saveur poivrée.

truc

Vous pouvez remplacer la roquette par n'importe quelle herbe aromatique comme le romarin, la sauge, l'estragon, la marjolaine, le thym, etc. En été, on peut trouver une foule de produits locaux frais, mais le temps chaud ne nous donne pas nécessairement le goût de manger de la soupe. Essayez ce minestrone à la température de la pièce… un vrai délice !

Ingrédients   *Pour 4 à 6 personnes*

1 branche de céleri en dés	1,45 l (6 tasses) de bouillon de poulet (p. 018)
1 carotte en dés	140 g ($^3/_4$ tasse) de riz arborio
1 oignon émincé	2 poignées de roquette hachée
1 gousse d'ail émincée	4 c. à soupe de fromage parmigiano reggiano râpé
4 c. à soupe d'olive extra vierge	sel et poivre au goût
2 pommes de terre en cubes	

1 Dans une casserole, faire revenir le céleri, la carotte, l'oignon et l'ail dans l'huile d'olive chaude, mais sans qu'ils brunissent.

2 Après 3 minutes, ajouter les pommes de terre et 1 tasse de bouillon et laisser mijoter 5 à 7 minutes.

3 Ajouter le riz et le reste du bouillon. Laisser cuire de 15 à 20 minutes, jusqu'à ce que le riz soit tendre.

4 Retirer du feu et ajouter la roquette à la toute fin pour qu'elle ne cuise pas trop. Assaisonner de sel.

5 Garnir de parmesan et d'un peu de poivre frais moulu.

Verdure ripassate

Légumes santé

Vous trouverez peut-être que j'exagère, mais cette recette hyper-simple est peut-être la meilleure de tout ce livre. Je cuisine mes légumes verts ainsi la plupart du temps. Il s'agit d'une façon classique de les apprêter et ils seront prêts en moins de 15 minutes. Il n'y a rien de mieux que la simplicité.

truc

Cette recette de base permet d'apprêter toute une variété de légumes verts et autres (chou-fleur, pommes de terre, et chou rouge) préalablement cuits dans l'eau bouillante ou à la vapeur. La variété d'huile d'olive utilisée fait toute la différence. Les huiles au goût assez prononcé sont idéales. Une bonne façon d'apprêter des légumes pour accompagner certains plats de ce livre !

Ingrédients   *Pour 4 personnes*

4 poignées de légumes de votre choix (épinards, bettes à carde, brocolis, rapinis, etc.)

2 c. à soupe d'huile d'olive extra vierge

1 gousse d'ail broyée

1 piment fort séché et broyé

sel au goût

1 Blanchir d'abord les légumes quelques secondes ou minutes (selon les légumes choisis) dans l'eau bouillante ou à la vapeur.

2 Faire chauffer l'huile d'olive dans une poêle, ajouter l'ail et le piment fort pour lui donner du goût.

3 Quand l'ail est rôti, ajouter les légumes et les laisser revenir 5 minutes.

4 Saler au goût.

Penne arrabiata

Pasta aglio olio e alici

Penne arrabiata

Qui oserait s'approcher d'un plat de « pâtes fâchées » ? C'est la traduction littérale du nom de cette recette. Je ne crois pas cependant qu'elle réussisse à fâcher qui que ce soit. Il y a bien un petit côté épicé qui risque de vous faire lever le ton, mais si jamais les policiers débarquent, alertés par les voisins se plaignant de vos cris, offrez-leur-en une petite bouchée. Je suis certain qu'ils seront rassurés autant que réchauffés par cette sauce tonifiante !

truc

C'est votre tolérance au goût piquant qui déterminera le nombre de piments forts idéal pour la préparation de cette recette.
Et pour ce qui est de la ricotta vieillie, vous en trouverez uniquement dans les bonnes épiceries italiennes spécialisées. Si vous n'en trouvez pas, remplacez-la tout simplement par du parmesan frais râpé.

Ingrédients — Pour 4 personnes

4 c. à soupe d'huile d'olive extra vierge	720 ml (3 tasses) de purée de tomate fraîche
1 gousse d'ail émincée	sel au goût
140 g (5 oz) de pancetta coupée en petites lanières ou de bacon	450 g (1 lb) de penne
	3 à 4 feuilles de basilic
3 c. à soupe de piments forts dans l'huile hachés	4 c. à soupe de ricotta vieillie râpée grossièrement

1 Dans une poêle, faire chauffer 2 c. à soupe d'huile d'olive à feu moyen et y ajouter l'ail. Quand l'ail se met à frémir, ajouter les lanières de pancetta et les piments forts. Laisser frire 1 ou 2 minutes.

2 Ajouter la purée de tomate et un peu de sel. Laisser réduire la sauce à feu doux environ 15 minutes.

3 Cuire les pâtes *al dente* dans l'eau bouillante salée et, lorsqu'elles sont prêtes, réchauffer la sauce à feu moyen et y ajouter le basilic. Lorsque la sauce mijote de nouveau, ajouter les pâtes et bien mélanger.

4 Retirer du feu et y ajouter 2 c. à soupe d'huile d'olive. Garnir de ricotta râpée et servir.

Pasta aglio olio e alici
Pâtes avec ail et anchois

Je dois avouer que je ne suis pas un très grand amateur d'anchois. Vous me répliquerez peut-être que je ne suis donc pas un vrai Italien, mais bon… En revanche, s'il y a une recette où j'aime beaucoup ces petits poissons forts en goût, c'est bien celle-ci.

truc

La chose la plus importante lorsque vous préparez cette sauce, c'est de la laisser cuire une vingtaine de minutes à feu moyen, car la réduction est essentielle. La quantité de liquide évaporée vous semblera peut-être minime, mais elle fera toute la différence dans la concentration des saveurs.

Ingrédients — Pour 4 personnes

120 ml (½ tasse) d'huile d'olive extra vierge	4 gousses d'ail émincées
8 filets d'anchois dans l'huile	400 g (14 oz) de tomates en conserve, en dés
1 c. à soupe de piments forts dans l'huile émincés	450 g (1 lb) de spaghetti

1 Dans une petite casserole, faire chauffer l'huile à feu moyen. Y mettre les anchois, puis les réduire en purée à l'aide d'une fourchette.

2 Ajouter l'ail et les piments forts et laisser cuire de 3 à 5 minutes.

3 Enfin ajouter les tomates et faire mijoter à feu doux de 15 à 20 minutes.

4 Pendant ce temps, cuire les spaghetti *al dente* dans l'eau bouillante salée.

5 Verser la sauce dans un grand bol et y ajouter les spaghetti. Bien mélanger le tout et servir.

Timballo à ma façon

Vous vous souvenez peut-être de Primo et de Secondo, les deux frères interprétés par Tony Shalhoub et Stanley Tucci dans le film *Big Night*. Ces personnages ont servi ce plat à leurs convives au point culminant du film, lors du banquet final. Je l'avoue, ils m'ont inspiré. En plus d'être une recette de calibre cinématographique, elle est simple et elle plaira à tout le monde.

truc

Vous pouvez préparer cette recette avec tout un éventail de pâtes différentes : penne, fusilli, spaghetti ou macaroni. Vous n'avez qu'à en remplir l'assiette à ras bord. Vous pouvez aussi la préparer avec votre sauce préférée. Bon, d'accord, mes trucs ne sont pas très concrets. Mais vous comprendrez que cette recette laisse la porte ouverte à l'expérimentation. Il y a bien quelques étapes essentielles à suivre, mais pour le reste, il n'en tient qu'à vous. Cuisinez un timballo à votre image !

Ingrédients   Pour 6 personnes

4 aubergines moyennes	1 branche de céleri en dés
240 ml (1 tasse) d'huile d'olive extra vierge (pour badigeonner les aubergines)	400 g (14 oz) de tomates en conserve, en dés
	1 c. à soupe de piments forts dans l'huile hachés
310 g (11 oz) de rigatoni cuits et refroidis	sel et poivre au goût
200 g (7 oz) de saucisses italiennes fortes	1 fromage mozzarella entier (340 g ou 12 oz) en dés
4 c. à soupe d'huile d'olive extra vierge (pour la sauce)	4 feuilles de basilic hachés
	2 œufs cuits durs hachés
1 oignon émincé	4 c. à soupe de fromage parmigiano reggiano râpé
1 carotte en dés	2 c. à soupe de beurre ramolli

1 Couper les aubergines dans le sens de la longueur en tranches d'environ 1 cm, avant de les badigeonner d'huile d'olive de chaque côté.

2 Dans une grande poêle où l'on a fait chauffer l'huile, saisir les aubergines pour qu'elles soient bien dorées des 2 côtés et les égoutter sur du papier absorbant pour enlever l'excédent d'huile.

3 Retirer la chair à saucisse des boyaux.

4 Dans une autre poêle, faire chauffer 2 c. à soupe d'huile d'olive et faire revenir l'oignon. Ajouter ensuite la carotte et le céleri et laisser cuire quelques minutes.

5 Incorporer la chair à saucisse et poursuivre la cuisson jusqu'à ce qu'elle soit presque entièrement cuite.

6 Ajouter les tomates, les piments forts et assaisonner de sel et de poivre. Couvrir et laisser mijoter la sauce de 15 à 20 minutes à feu moyen.

7 Dans un grand bol, mélanger les pâtes, la sauce, les œufs, la mozzarella, le basilic et le parmesan râpé.

8 Beurrer un moule rond de 24 cm de diamètre et 10 cm de profondeur (un moule à charnière serait l'idéal) avant d'en recouvrir le fond et les parois à l'aide des tranches d'aubergines grillées. Remplir le moule avec le mélange de pâtes et recouvrir le tout avec les tranches d'aubergines restantes.

9 Garnir le plat d'un filet d'huile d'olive et de parmesan râpé. Cuire 30 minutes au four à 190 °C (375 °F). Sortir le timballo du moule et le déposer dans une grande assiette de service pour le servir en pointes.

Risotto à la bette à carde et au gorgonzola

Ce serait un péché que d'écrire un livre de cuisine italienne sans y inclure ne serait-ce qu'une recette de risotto. Voici donc, sans tourner davantage autour du pot, la seule et unique recette de risotto de ce livre.

(P.-S. Personnellement, je crois que le risotto est un plat un peu surévalué depuis quelque temps. Si vous êtes amateur, vous savez sans doute qu'il existe des centaines de manières de faire un risotto. Mais il vous sera difficile de trouver un risotto qui surpasse celui-ci !)

truc

Rappelez-vous que tous les risottos se préparent de la même façon. Ne noyez pas le riz dans le liquide au départ, et ajoutez ensuite le liquide petit à petit. Si vous désirez varier un peu la recette, vous pouvez remplacer le riz par de l'orge perlé : le résultat est renversant. Enfin, prenez garde de ne pas trop saler au cours de la préparation, car autant le parmesan que le gorgonzola sont des fromages très salés.

Ingrédients   *Pour 4 personnes*

400 g (14 oz) de bettes à carde	2 l (8 1/3 tasses) de bouillon de poulet (p. 018)
4 c. à soupe d'huile d'olive extra vierge	110 g (4 oz) de fromage gorgonzola
1 oignon émincé finement	1 c. à soupe de beurre
285 g (1 1/2 tasse) de riz carnaroli ou arborio	4 c. à soupe de fromage parmigiano reggiano râpé
180 ml (3/4 tasse) de vin blanc sec	sel et poivre au goût

1 Retirer les cardes blanches des bettes (seules les parties vertes sont utilisées ici) avant de les blanchir dans l'eau bouillante salée de 3 à 5 minutes. Sortir les feuilles de l'eau et les assécher autant que possible.

2 Dans une casserole antiadhésive, chauffer l'huile d'olive et faire sauter l'oignon.

3 Quand l'oignon devient transparent, ajouter le riz et le laisser griller 2 ou 3 minutes en prenant soin de bien l'enduire d'huile d'olive.

4 Déglacer au vin blanc et laisser réduire à sec.

5 Ajouter une louche de bouillon de poulet, réduire le feu et laisser cuire jusqu'à ce que le liquide se soit de nouveau complètement évaporé.

6 Ajouter du bouillon une louche à la fois, jusqu'à ce que le riz soit cuit à point (il doit demeurer légèrement croquant).

7 Incorporer les bettes et le gorgonzola à la fin de la cuisson et une louche de bouillon si nécessaire. Il devrait rester juste assez de liquide pour mouiller le fond de chaque assiette.

8 Retirer du feu et ajouter le beurre et le parmesan en mélangeant bien pour lier le plat.

9 Assaisonner de sel et de poivre, et servir immédiatement.

Polenta au chou

Pour certains, cette recette peut sembler un peu « drabe », mais en tant que vrai fils de « Polentone » (le surnom que l'on donne aux gens de Lombardie), il s'agit vraiment d'un de mes plats préférés. Dans ma vie, j'ai mangé de la polenta au déjeuner (coupée en petits cubes et accompagnée de lait chaud à la cannelle), au dîner (frite à la poêle et garnie de fromage râpé), et enfin, je l'ai mangée au souper, en guise d'accompagnement pour les nombreux plats braisés ou rôtis que nous préparait ma grand-mère. Cette recette, je la dédie à ma grand-mère Angela et à mon grand-père Betu.

truc

Quand vous incorporez la semoule, utilisez un fouet pour éviter la formation de grumeaux. Par la suite, utilisez une cuillère de bois pour bien remuer le mélange. Et prenez garde de ne pas gratter le fond de la casserole au cours de la cuisson, car il devrait s'y former une mince croûte ayant un goût extraordinaire.

Ingrédients   **Pour 6 personnes**

4 c. à soupe d'huile d'olive extra vierge	sel et poivre au goût
1 oignon haché grossièrement	1 recette de polenta (p. 024)
7 feuilles de chou coupées grossièrement	3 c. à soupe de fromage parmigiano reggiano râpé
4 c. à soupe d'eau	200 g (7 oz) de fromage taleggio tranché

1 Faire chauffer l'huile dans une casserole et y saisir l'oignon et le chou.

2 Ajouter l'eau et cuire à couvert de 10 à 15 minutes. Saler et poivrer.

3 Pendant ce temps, faire bouillir de l'eau salée pour préparer la polenta.

4 Lorsqu'elle est prête, ajouter le parmesan râpé à la polenta et transvider la moitié de la polenta dans un plat de cuisson pour le four.

5 Couvrir la polenta d'une couche uniforme d'oignon et de chou. Recouvrir le tout avec la polenta restante.

6 Disposer les tranches de fromage taleggio sur la polenta.

7 Cuire 15 minutes au four à 200 °C (400 °F), où jusqu'à ce que le fromage ait complètement fondu.

Salsiccie e fagioli

Saucisses et fèves Borlotti

Voici une vraie recette pour les hommes affamés. On pourrait dire qu'il s'agit de la version italienne du cassoulet français. Un bon plat de belle lourdeur, composé de fèves et de saucisses. Il n'y manque qu'un gros morceau de pain de campagne... et peut-être un légume d'accompagnement ou deux !

truc

Les fèves sèches que vous faites tremper vous-mêmes donneront toujours de meilleurs résultats. Recouvrez les fèves d'eau et faites-les tremper toute une nuit avec un peu d'ail et de sauge. Le lendemain, égouttez les fèves et faites-les bouillir un peu moins d'une heure, pour qu'elles deviennent bien tendres mais n'éclatent pas.

Ingrédients   Pour 4 à 6 personnes

2 c. à soupe d'huile d'olive extra vierge

2 gousses d'ail émincées

1 petit piment fort

450 g (1 lb) de saucisses italiennes douces, coupées en petits morceaux

120 ml (½ tasse) de vin rouge

800 g (28 oz) de fèves Borlotti en conserve égouttées et rincées

400 g (14 oz) de tomates en conserve, en dés

1 branche de sauge effeuillée et hachée

sel au goût

1 Dans une poêle, faire chauffer l'huile d'olive. Cuire l'ail et le piment à feu doux quelques minutes, pour qu'ils donnent de la saveur à l'huile, sans qu'ils brunissent.

2 Augmenter l'intensité du feu et faire revenir les saucisses dans la poêle pour leur donner une belle coloration dorée (l'ail va dorer en même temps).

3 Déglacer la poêle avec le vin rouge et laisser réduire presque à sec.

4 Ajouter les fèves en les mélangeant bien à la viande.

5 Ajouter ensuite les tomates et la sauge et assaisonner avec le sel.

6 Réduire le feu et laisser mijoter au moins 30 minutes.

Scottiglia

Il s'agit d'un plat traditionnel de Toscane. Les paysans préparaient ce ragoût en utilisant ce qu'ils avaient sous la main. Ils le cuisaient dans une grande casserole et l'assaisonnaient avec les herbes qui poussaient autour de chez eux. Ainsi, la scottiglia variait d'un village à l'autre et sa saveur révélait la particularité de chaque coin de pays. Un plat parfait servi avec de la polenta (p. 024)...wow!

truc

J'utilise habituellement un mélange d'agneau, de poulet et de lapin quand je prépare ce plat. Vous pouvez toutefois choisir d'y intégrer d'autres viandes, notamment les viandes sauvages, qui sont délicieuses apprêtées de cette façon. Si vous avez la chance d'avoir du canard ou du faisan sous la main... Et en passant, la croûte de parmesan fait une différence extraordinaire !

Ingrédients — Pour 4 personnes

4 c. à soupe d'huile d'olive extra vierge

900 g (2 lb) de viande mélangée (pilon de poulet, un demi-lapin, souris d'agneau de taille similaire)

4 gousses d'ail émincées grossièrement

2 carottes coupées en dés

1 gros oignon coupé en dés

360 ml (1 ½ tasse) de vin rouge

400 g (14 oz) de tomates en conserve, en dés

2 branches de romarin

1 croûte de parmesan (optionnelle)

sel et poivre au goût

1 Chauffer l'huile à feu doux dans une casserole.

2 Faire revenir la viande jusqu'à ce qu'elle soit dorée. Retirer la viande et réserver.

3 Ajouter l'ail et les légumes et laisser cuire à feu doux environ 5 minutes, sans donner de coloration.

4 Incorporer la viande et mélanger.

5 Augmenter l'intensité à feu moyen et ajouter le vin, les tomates, le romarin et la croûte de parmesan. Saler et poivrer.

6 Amener à ébullition et couvrir complètement. Laisser mijoter à très basse intensité 2 heures ou jusqu'à ce que la viande soit très tendre.

Crostata à la ricotta et au chocolat

J'adore ce dessert, car on peut le préparer de mille différentes façons, en utilisant des fruits frais ou des confitures maison. Vous en oublierez les tartes traditionnelles ! La crostata que je vous propose ici est particulièrement crémeuse et le chocolat ne la rend que plus délicieuse.

truc

Il faut que la ricotta soit la plus fraîche possible. Vous pourrez trouver de la ricotta en vrac dans certaines épiceries spécialisées. Et, bien sûr, la qualité du chocolat fait toute la différence. Si vous avez du temps, vous pouvez facilement préparer la crostata une journée à l'avance, et le résultat sera aussi bon, sinon meilleur.

Ingrédients   **Pour 8 portions**

Pâte

1 recette de pasta frolla (p. 023)

Garniture

4 c. à soupe de sucre

2 jaunes d'œufs

2 c. à soupe de rhum

450 g (1 lb) de fromage ricotta

140 g (5 oz) de chocolat noir

1 Dans un bol, battre le sucre et les jaunes d'œufs.

2 Verser le rhum dans le bol en continuant à battre le mélange.

3 Incorporer la ricotta et battre le mélange jusqu'à ce qu'il soit homogène. Il ne devrait pas y avoir de grumeaux.

4 Couper le chocolat en petits morceaux et en étendre la moitié sur la pâte au fond de l'assiette à tarte.

5 Incorporer doucement l'autre moitié du chocolat au mélange de ricotta et de rhum.

6 Verser la préparation de ricotta dans l'assiette à tarte en la répartissant également sur toute la surface.

7 Placer la crostata 30 minutes au four à 180 °C ou 350 °F (elle devrait être bien dorée, sinon laisser cuire quelques minutes de plus).

8 Laisser reposer la crostata au moins 4 heures et la servir à la température de la pièce.

Chiacchiere

Un dessert italien authentique que nous mangeons habituellement pendant la période des fêtes. Il est très facile à faire et si vous êtes habile à préparer la pâte, vos talents en seront récompensés.

truc

Je forme habituellement des boucles avec la pâte. Vos enfants peuvent toutefois exprimer leur créativité en modelant les formes de leur choix. Versez un filet de miel sur le dessert avant de le servir, pour le rendre encore plus savoureux. Ce dessert se conservera au moins deux semaines dans un contenant hermétique… mais je suis sûr qu'il ne durera pas si longtemps !

Ingrédients

230 g (1 ³/₄ tasse) de farine de type 00 (ou tout usage)

2 œufs

2 jaunes d'œufs

2 c. à soupe de sucre

Pour environ 30 ou 35 chiacchiere

3 c. à soupe de rhum

1 pincée de sel

huile de tournesol (pour la friture)

2 c. à soupe de sucre à glacer

1 Dans un grand bol, mélanger suffisamment la farine, les œufs, les jaunes d'œufs, le sucre, le rhum et le sel pour former une boule de pâte.

2 Pétrir la pâte quelques minutes et la laisser reposer de 20 à 30 minutes en la recouvrant d'un linge humide.

3 Pendant ce temps, faire chauffer l'huile à friture.

4 Couper la pâte en 4 parties égales et abaisser chacune au rouleau pour leur donner une épaisseur de 2 à 3 mm.

5 À l'aide d'un couteau à pâte, couper la pâte en lanières d'environ 15 cm de long et de 2 cm de large.

6 Former une boucle avec chaque lanière. Réserver.

7 Quand l'huile est suffisamment chaude, faire frire les boucles jusqu'à ce qu'elles soient bien dorées.

8 Sortir les boucles frites de l'huile et les égoutter sur du papier absorbant.

9 Disposer les boucles sur une assiette de service et les saupoudrer de sucre à glacer avant de servir.

Au début des années 80

Au début des années 80, trois des plus jeunes enfants de la famille Vendittelli prirent donc en main l'entreprise que leur avait transmise leurs frères aînés et, avant eux, leurs parents, avec la ferme intention de poursuivre la tradition familiale. L'économie était alors en pleine récession et les banques finançaient les entreprises à des taux faramineux d'environ 25 %.

Ma mère, Elena, s'est toujours démenée au travail pour que l'entreprise traverse la tempête, tout en parvenant tant bien que mal à se consacrer à sa famille. Même si elle n'était pas encore officiellement propriétaire, elle a travaillé sans arrêt pendant ses deux grossesses et n'a pris que très peu de temps de repos après ma naissance et celle de ma sœur Cristina. Je sais que ce fut une décision difficile pour ma mère de ne pas rester à la maison pour élever ses enfants. Mais nous étions chanceux, nous allions la voir très souvent. Bizarrement, nous avions comme deuxième maison une quincaillerie. Dès l'âge de 10 mois, je me trimbalais à quatre pattes sous les jupes de ma mère, alors qu'elle présentait casseroles ou laminoirs à pâte aux clients. Ce sont mes toutes premières expériences de vente. Qui, de toute façon, aurait pu dire non à un bébé ?!

Quand nous étions petits, ma sœur et moi, mon père Mattia devait souvent se rendre à Toronto pour le travail. Il a donc fallu que nos travailleurs de parents trouvent quelqu'un pour s'occuper de nous. Nous avons eu en nonna - qui signifie « grand-maman » en italien - la nourrice parfaite. C'est avec elle que nous avons passé le plus clair de notre enfance. Elle était fantastique, et son

mari, *nonno* Betu, était pratiquement un saint. Ils étaient très catholiques et dévoués, mais à leur manière très progressifs, ce qui faisaient d'eux un couple à part pour l'époque. Par exemple, *nonna* pouvait passer toute une journée à s'occuper de nous, pendant que *nonno* récurait la maison du sous-sol au grenier. Ce n'était certainement pas la coutume dans les familles italiennes de ce temps-là! Nos grands-parents paternels ont accepté sans hésitation de prendre sur eux une partie de notre

Nous faisions ensuite nos devoirs, et notre père venait nous chercher en fin d'après-midi. Notre mère nous rejoignait à la maison après sa longue journée de travail et, immanquablement, elle s'arrangeait pour préparer un repas de trois services pour toute la famille. Je ne sais pas où elle trouvait toute son énergie, mais c'était ainsi. Le samedi était notre jour de divertissement avec papa. Il nous conduisait habituellement d'un bout à l'autre de la ville pour nos activités parascolai-

007

008

éducation. Ils nous ont donné tout ce dont les enfants ont besoin: du dévouement, de la discipline et beaucoup d'amour. Ma grand-mère Angela a cuisiné la plupart de mes repas au cours des dix premières années de ma vie. Son savoir-faire culinaire lui venait du nord de l'Italie et tout ce qu'elle préparait était simple, mais délicieux. Elle a d'ailleurs emporté dans sa tombe le secret du meilleur poulet farci que j'ai eu la chance de manger. Chaque fois que nous pensons à ce plat, nous sommes nostalgiques, tant de sa saveur que de celle qui le préparait...

res. Pour Cristina, c'était le ballet, tandis que je pratiquais le baseball ou le hockey, selon les saisons. Le dimanche était notre journée en famille à la maison. Les ateliers de cuisine avec notre mère sont parmi les souvenirs les plus vifs et les plus heureux de mon enfance. Ma mère nous assoyait sur le comptoir en nous disant de rester tranquilles et d'observer. Elle menait un train d'enfer dans sa cuisine, et c'était pour moi un plaisir de saisir au vol toutes les couleurs et les odeurs qui virevoltaient autour de nous. Le menu changeait constamment: lasagnes maison, escalopes de veau frites, côtes de porc rôties, salade de morue salée et, probablement, la meilleure tarte aux pommes allemande de ce côté-ci de l'Atlantique, pour ne nommer que ces quelques plats.

L'inspiration d'Elena
Notre train-train quotidien était assez simple. Mon grand-père venait nous chercher à la sortie de l'école pour nous ramener à la maison, où notre grand-mère nous attendait avec une collation, habituellement une tartine de Nutella.

Le sel et le sucre

Quand j'y pense, la pâte à modeler n'a jamais existé chez les Faita. Ma mère nous donnait plutôt une boule de pâte fraîche en nous encourageant à la découper et à la mouler pour en faire nos propres créations culinaires; pour sa part, ma sœur adorait créer des formes avec les asperges et les artichauts (des légumes qu'on cuisinait peu à Montréal à cette époque). Je suis ainsi devenu le pâtissier officiel de la famille. (D'ailleurs,

le lendemain, déterminé à racheter mon erreur et à présenter un deuxième gâteau à la famille pour le déjeuner. Cette fois, j'ai réussi mon coup.

La tomate chanceuse

En vieillissant, mon intérêt pour la cuisine a continué à se développer. Le fait que mes grands-parents Teresa et Luigi gravitaient tous deux autour du marché Jean-Talon m'a permis de me familiariser, et surtout de m'attacher,

007 Moi et Mamma **008** Mon oncle Giuseppe **009** Mon père et sa belle-mère **010** Party chez ma tante Marie. **011** Non bere tutto!

009

les rages de sucre viennent encore parfois hanter mon sommeil!) Mon premier vrai test, je l'ai passé à l'âge de sept ans. C'était un samedi et nous fêtions l'anniversaire de mon oncle Rudy. J'avais choisi une recette dans l'un des nombreux livres de ma mère et j'avais préparé un shortcake d'apparence parfaite. Le soir venu, fier mais anxieux, je le servis à mon oncle à la fin du repas. Il fut tout d'abord impressionné, mais à la première bouchée une sorte de malaise silencieux s'est emparée de l'assemblée. Il s'est alors tourné vers moi, tout sourire, pour me dire: « Parfaitement salé, ton gâteau! » J'avais commis l'une des gaffes les plus courantes en cuisine, j'avais interchangé le sucre et le sel... Fouetté par l'orgueil, je me suis levé aux aurores

aux produits frais de première qualité. De plus, j'ai été élevé dans un monde où les ustensiles de cuisine faisaient partie du décor. Adolescent, je pouvais m'amuser à monter ou à démonter un presse-tomates en moins de temps qu'il n'en faut pour le dire. En fait, j'ai longtemps été convaincu que tout le monde faisait sécher des pâtes fraîches dans sa cuisine et que tous les garde-manger contenaient d'innombrables conserves de sauce tomate, de légumes marinés et de saucissons dans l'huile. Quand, un peu plus vieux, j'ai commencé à recevoir régulièrement des amis chez moi, je les ai vus perplexes devant les quantités de pâtes fraîches suspendues dans la cuisine, prêtes pour l'eau bouillante. J'ai alors réalisé à quel point j'étais chanceux.

En fait, en tant qu'Italien de la deuxième génération au Québec ayant la chance d'avoir des parents très ouverts d'esprit, je crois que j'ai pu tirer le meilleur parti des cultures européenne et américaine. Pour ce qui est de la nourriture, nous avons eu nos moments typiquement italiens en famille. Mais nous avons aussi fait de nombreuses excursions dans des restaurants teintés d'exotisme, pour goûter aux plats traditionnels des Asiatiques, des Africains ou des autres nations européennes qui s'établissaient tout autour de nous à Montréal. Je dois cependant avouer que, malgré toutes les influences internationales que j'ai pu subir, je me suis entiché très tôt d'un pilier de la culture culinaire italienne... la pizza! J'adore la pizza, soit, mais je n'aurais jamais cru que ce plat allait être au cœur d'un tournant dans ma vie. J'y reviendrai...

Mezza Luna

En 1993, ma mère, Elena, cherchait une nouvelle façon de séduire les fines bouches montréalaises pour leur donner le goût de cuisiner. Elle a donc décidé de louer un espace au Salon de l'habitation pour y représenter la Quincaillerie Dante. Pendant dix jours, elle a fait une démonstration continue de l'art de préparer les pâtes fraîches! Je soupçonne qu'elle a agi ainsi pour deux raisons. D'abord pour partager son savoir-faire avec le public et, aussi, parce qu'elle ne pouvait s'imaginer passer autant de temps à ne rien faire derrière un comptoir. Ma mère est une travailleuse infatigable, et je crois que dix jours à ne rien faire que parler aurait pu la rendre folle! Elle a donc choisi de mettre à la disposition du public un savoir simple qu'elle aime et communique de façon passionnée.

Quelques semaines plus tard, aidée de ma sœur Cristina qui venait d'emménager tout près de la quincaillerie et qui y travaillait, ma mère a décidé de mettre sur papier sa recette de pâte et d'en faire une démonstration tous les samedis après-midi, à 14 heures. (Encore aujourd'hui, il est possible d'assister à ces démonstrations chez Dante, à la seule différence près qu'elles sont maintenant faites par votre humble serviteur!) De samedi en samedi, les gens se sont mis à venir voir comment préparer la pâte aux œufs, avant de se ruer sur ma mère pour qu'elle leur propose des recettes de sauces appropriées.

011

La générosité de ma mère s'en trouvait comblée, car elle prenait un réel plaisir à partager ainsi ses recettes avec ses clients.

C'est à ma sœur Cristina que revient le mérite de la bonne idée d'ouvrir une école de cuisine. En 1994, l'école de cuisine Mezza Luna ouvrait ses portes dans un petit appartement adjacent à la quincaillerie. Elle s'y trouve encore aujourd'hui.

Mon coffre

à outils

Je peux sans problème changer une ampoule ou planter un clou de temps en temps, mais je ne suis certainement pas ce qu'on appelle un «bricoleur hors pair». Par contre, si vous cherchez quelqu'un qui s'y connaît en ustensiles de cuisine, vous avez trouvé votre homme. Mon coffre demeure toutefois assez simple, et soyez certain que vous n'y trouverez pas le plus récent modèle de lunettes de protection pour la coupe des oignons! Voici donc ce que je considère comme le nécessaire du cuisinier.

001 Thermomètre à cuisson

Aussi incroyable que cela puisse paraître, nombreux sont les amateurs de cuisine qui ne possèdent pas de thermomètre approprié. Une fois que vous aurez accès à cet outil selon moi indispensable, vous aurez de la difficulté à vous en passer. Fini les erreurs de cuisson, les rôtis trop ou pas assez cuits, plus jamais vous n'aurez la crainte de servir une semelle de botte à vos invités!

002 Passoire ou écumoire

Quand vient le temps de bouillir, de pocher ou de faire cuire à la vapeur, ces ustensiles troués sont toujours pratiques. Je vous recommande d'y aller avec les grands formats, car ils sont efficaces avec les petites quantités, et l'inverse peut parfois s'avérer périlleux!

003 Cuillères de bois

Elles sont très abordables et pratiquement rien n'y adhère. En plus, elles me rappellent les vieilles dames italiennes de mon quartier qui s'en servaient pour corriger les mauvais garçons!

004 Mezza-luna

Cette lame à deux poignées est souvent utilisée par les cuisiniers qui n'ont pas tout à fait maîtrisé l'art délicat d'émincer les aliments avec un couteau du chef. Il s'agit aussi de l'outil idéal pour hacher l'ail ou le persil.

005 Robot culinaire

Soyons réalistes! Si vous aimez faire de la pâte ou devez cuisiner pour plusieurs et si, en plus, l'espace sur votre comptoir vous le permet, procurez-vous un robot. Sinon, rabattez-vous sur un bon mélangeur à main muni d'un récipient dans lequel vous pourrez fouetter les aliments ou les réduire en purée en moins de deux. S'il résiste au lave-vaisselle, tant mieux!

006 Racloir/grattoir

Débarrassez-vous des retailles d'aliments ou grattez la pâte qui adhère à votre surface de travail en un rien de temps. C'est un peu comme si vous aviez un assistant à vos côtés qui vous aide à garder votre cuisine propre.

007 Couteaux

Si vous aimez passer du temps dans votre cuisine, vous devez absolument vous procurer un bon couteau du chef. Les couteaux longs sont plus faciles à utiliser. Je vous recommande ceux de 20 à 25 cm (8 à 10 pouces). Un couteau d'office et un couteau dentelé sont également très utiles: le premier, à lame courte, sert surtout à peler, tandis que le couteau dentelé est utile pour trancher le pain et les tomates.

008 Planche à découper

Si vous cuisinez sur une planche ayant la taille d'une feuille de papier à lettre, il est temps de vous en débarrasser et de passer aux choses sérieuses. Vous avez besoin d'une surface suffisamment grande et stable. Le plus lourd pèse la planche, le mieux elle va vous servir.

009 Économe (couteau éplucheur)

Pelez vos légumes sans perte de nourriture. On peut toujours utiliser un couteau, mais quel autre outil permet de peler aussi facilement une carotte... et n'oubliez pas les copeaux de parmesan!

010 Cul-de-poule en acier inoxydable

Il s'agit du récipient de choix pour toutes sortes de manipulations. (Vous y déposerez vos légumes émincés à mesure qu'ils sont prêts, vous y retournerez la salade, vous y fouetterez la crème ou y monterez la mayonnaise...) L'acier inoxydable est préférable au verre, car il ne risque pas de craqueler ou d'éclater.

011 Poêlon et casserole

Chaque cuisinier qui se respecte doit avoir un poêlon et une casserole appropriés, idéalement en acier inoxydable ou en aluminium. Pour ceux qui débutent, l'achat d'un poêlon à surface antiadhésive facilitera la tâche et fera économiser du temps lors du nettoyage.

012 Balance

La cuisine de tous les jours ne nécessite généralement pas trop de mesures pointues, mais certains plats demandent plus de précision, surtout en pâtisserie. La balance vous facilitera énormément la vie. Je vous recommande d'opter pour une balance numérique.

013 Mandoline

Son jeu de lames réglables permet d'obtenir des formes et des épaisseurs variées, comme une julienne ou des rondelles, avec les aliments fermes comme le chou, les pommes de terre, les zucchini, les carottes ou les oignons.

014 Rouleau à pâte

Un incontournable si vous devez abaisser des pâtes, quelles qu'elles soient.

015 Pinces, spatules
016 et fouets (résistants à la chaleur)

Pour retourner les viandes, mélanger les ingrédients et monter votre mayonnaise, toutes ces actions de base que l'on effectue continuellement en cuisine.

017 Pierre à aiguiser ou fusil

Les cuisiniers professionnels sont des coupeurs hors pair, grâce à la pratique, bien sûr, mais aussi parce que leurs couteaux sont tranchants comme des rasoirs. Les couteaux coupants rendent la cuisine facile et plus sécuritaire. Une pierre à aiguiser ou un fusil est un outil abordable et très efficace quand on sait comment s'en servir. Sinon, il existe également des aiguisoirs qui aiguisent même le plus néophyte des manipulateurs de couteaux!

018 Râpes microplanes

Râper n'a jamais été aussi facile. Ces râpes font partie des meilleures inventions pour la cuisine moderne. On ne peut s'en passer après les avoir essayées. Elles sont parfaites pour le fromage, le chocolat, le zeste, les noix de muscade ou le gingembre.

010

011

012

013

014

015

016

017

018

Des casse-croûte

rapides

Après une longue journée de travail, la plupart d'entre nous n'ont absolument pas envie de cuisiner un repas de trois services. S'il vous arrive de manquer d'inspiration, je crois bien que les recettes qui suivent pourront vous aider. Elles ne demandent qu'une vingtaine de minutes de préparation en moyenne et n'exigent aucun talent particulier. Avec quelques ingrédients frais et un peu de sens culinaire, vous serez assis à table, la bouche pleine, en un rien de temps !

Caciocavalli poêlés au speck

La première fois que j'ai goûté ces bouchées, je visitais ma sœur en Italie et elle nous les avait préparées pour le lunch. J'ai immédiatement succombé. Il s'agit d'un gueuleton facile et rapide, et vous pouvez être certain que vos invités en redemanderont.

truc

Le speck est un jambon séché fumé à froid provenant du Tyrol-du-Sud. Il peut être difficile à trouver dans certaines épiceries. Si c'est le cas, remplacez-le simplement par du prosciutto.

Il est possible que vous ayez aussi de la difficulté à trouver le fromage caciocavallo. Si c'est le cas, remplacez-le par du provolone ou simplement de la mozzarella.

Si vous avez accès à un barbecue, grillez les ballots de viande jusqu'à ce que vous voyiez perler de petites gouttes de fromage fondu à la surface de la viande. La saveur est toujours plus marquée sur le gril !

Ingrédients — Pour 4 personnes

8 tranches de speck

4 petites poignées de roquette

4 tranches de fromage caciocavallo de 1 cm d'épaisseur et coupés en 2

1 Étendre une tranche de speck horizontalement sur une planche à découper.

2 Recouvrir verticalement avec une deuxième tranche de speck de manière à former une croix.

3 Déposer le fromage au centre de la croix.

4 Mettre la roquette sur la tranche de fromage et recouvrir d'une deuxième tranche de fromage.

5 Former des ballots en repliant les tranches de speck.

6 Faire revenir les ballots de viande dans une poêle antiadhésive ou utiliser une plaque à biscuits et les cuire 10 minutes au four à 180 °C (350 °F).

Ciabattas au prosciutto cotto et aux artichauts grillés

S'il y a une chose que je mange régulièrement, c'est bien un sandwich! Non seulement j'adore celui-ci, mais cette recette m'a également permis de parfaire mes talents de vendeur à l'école secondaire. J'avais l'habitude de vendre ce sandwich à mes confrères de classe pour la modique somme de 5 $ et voilà que je partage cette recette avec vous dans mon livre... excellent *deal* si vous voulez mon avis! Essayez-le, il vaut son pesant d'or!

truc

Vous pourrez remplacer le prosciutto cotto par du jambon ordinaire et les fromages par de la mozzarella. Quant aux artichauts grillés, vous en trouverez dans toutes les bonnes épiceries fines italiennes, ou essayez ce sandwich avec des poivrons grillés.

Ingrédients   Pour 4 personnes

4 pains ciabatta tranchés en 2

1 petit bocal d'artichauts grillés tranchés

12 tranches de fromage friulano ou provolone

12 tranches de prosciutto cotto

4 c. à soupe de mayonnaise ou de salsa rosa (p. 025) (optionnelle)

1 Badigeonner l'extérieur des pains avec l'huile provenant des artichauts à l'aide d'un pinceau. Étendre la garniture sur la base des pains et refermer les sandwiches en les recouvrant des moitiés de pain restantes.

2 Griller les sandwiches dans un four à paninis, ou à feu doux, dans une poêle en fonte striée, jusqu'à ce que le pain soit doré et le fromage fondant (déposer une petite poêle bien lourde ou une brique recouverte de papier d'aluminium sur les sandwiches pour bien les presser).

Salade tiède
aux pommes de terre

Cette recette, je l'ai comme qui dirait empruntée à l'Italie dans un restaurant où je mangeais avec des amis. L'un deux, Marco, avait commandé cette salade en entrée. Elle était si savoureuse que j'ai décidé de noter les ingrédients pour la refaire à la maison. Vous pourrez juger vous-même du résultat.

truc

S'il vous est difficile de trouver de la mâche, vous pouvez toujours la remplacer par un mesclun ou par des épinards nains (crus). Vous pouvez aussi ajouter n'importe quelle sorte de pousses à cette salade pour la faire varier d'une fois à l'autre.

Ingrédients   **Pour 4 personnes**

10 pommes de terre grelots bouillies et coupées en cubes

4 bonnes poignées de mâche lavée et taillée

80 g (3 oz) de pancetta fumée cuite sans être trop croustillante, ou de bacon

30 g (1 oz) de pignons rôtis

sel et poivre au goût

4 c. à soupe de vinaigrette balsamique (p. 019)

1 S'assurer que les pommes de terre sont encore chaudes.

2 Mélanger tous les ingrédients dans un saladier.

3 Ajouter la vinaigrette balsamique à la salade et bien la retourner.

4 Servir en portions individuelles.

Tegame di pomodoro e uova

Œuf dans une sauce tomate

Ma grand-mère Teresa nous préparait ce plat régulièrement, parce qu'il est simple et rapide. Elle nous le servait aussi avec du bon pain grillé qu'on trempait dans la sauce. À l'époque, nous le mangions pour le lunch ou même pour le souper, mais rien ne vous empêche de le servir à l'heure du brunch !

truc

Essayez d'utiliser la meilleure sauce tomate possible. Vous devriez trouver de bons produits dans une épicerie italienne spécialisée. Quand vous déposer les œufs, allez-y doucement pour ne pas abîmer le jaune. Si vous les crevez, recommencez… ! Non, sérieusement, mélangez-les tout simplement à la sauce et le résultat sera tout aussi délicieux.

Ingrédients   Pour 4 à 6 personnes

4 c. à soupe d'huile d'olive extra vierge	1 c. à thé d'origan séché
1 gousse d'ail broyée	6 œufs
1 c. à soupe de piments forts dans l'huile hachés	sel au goût
400 g (14 oz) de tomates en conserve, en purée	4 c. à soupe de fromage parmigiano reggiano râpé
1 c. à soupe de persil italien haché	

1 Pour préparer la sauce, faire d'abord chauffer l'huile d'olive dans une grande poêle.

2 Ajouter l'ail et les piments forts pour donner de la saveur à l'huile.

3 Ajouter ensuite les tomates, le persil et l'origan. Laisser mijoter 15 minutes à feu moyen.

4 Casser les œufs un par un sur la sauce et laisser cuire jusqu'à ce que le blanc fige.

5 Saler au goût.

6 Garnir de fromage parmesan et servir avec du pain de campagne.

Farfalle
aux asperges
et aux crevettes

Ma copine est tombée amoureuse de cette recette instantanément. Elle l'a tant aimée qu'elle l'a souvent préparée depuis pour sa famille et ses amis. À en juger par sa réaction, je suis confiant que vous l'aimerez également, surtout qu'elle se prépare en un rien de temps.

truc

Il est préférable de choisir des asperges assez fermes. Pour les asperges vertes, recherchez celles qui ont les pointes vert foncé ou violacées. Les asperges de moindre diamètre risquent fort d'être plus tendres. Si vous n'avez pas de brandy dans votre bar, vous pouvez utiliser du cognac ! Enfin, n'oubliez pas de préparer la sauce dans une poêle assez grande pour incorporer les pâtes à la fin de la préparation.

Ingrédients — Pour 4 personnes

450 g (1 lb) d'asperges	3 c. à soupe de brandy
450 g (1 lb) de farfalle	2 c. à soupe de marjolaine hachée
3 c. à soupe de beurre	sel et poivre au goût
2 échalotes françaises émincées	240 ml (1 tasse) de crème 35 % M.G.
450 g (1 lb) de crevettes moyennes nettoyées et déveinées	

1 Peler les tiges des asperges avant de les cuire à la vapeur de 5 à 7 minutes, selon la taille.

2 Couper les asperges en courts tronçons en laissant les pointes intactes.

3 À ce point, faire bouillir les pâtes dans l'eau salée.

4 Faire fondre le beurre dans une grande poêle, puis y faire rissoler les échalotes françaises.

5 Quand les échalotes sont bien transparentes, ajouter les asperges et les crevettes. Laisser cuire de 2 à 3 minutes.

6 Verser un peu de brandy dans la poêle et le faire flamber jusqu'à ce que la flamme s'éteigne d'elle-même.

7 Ajouter la marjolaine et assaisonner de sel et de poivre.

8 Terminer en ajoutant la crème et en laissant cuire 5 minutes.

9 Déposer les pâtes cuites dans la poêle et bien mélanger. Accompagner d'un peu de parmesan râpé.

Orechiettes aux brocolis et à la saucisse

Voici un plat qui conjugue à la perfection deux de mes ingrédients préférés de toujours. Dans la majorité des cas, le brocoli est un légume d'accompagnement parfait, tandis que, pour moi, la préparation de la saucisse est devenue avec le temps une activité quasi rituelle. Une fois par année - habituellement au début du mois de février - mon bon ami Alan me rend visite et nous préparons des saucisses maison de toutes sortes. Par-delà l'alimentation pure et simple, je crois fermement que l'essence même de la nourriture consiste à rassembler les gens. De ce point de vue, ce « Jour de la saucisse » prend tout son sens !

truc

Il est important de cuire les pâtes à même l'eau ayant servi à cuire le brocoli. Il faut aussi laisser cuire le brocoli un peu plus qu'à l'habitude, pour qu'il soit ensuite facile à réduire en purée. Les saucisses de bonne qualité feront elles aussi une grande différence. Informez-vous auprès d'un bon boucher ou d'un charcutier plutôt que de magasiner dans les supermarchés.

Ingrédients   *Pour 4 personnes*

400 g (14 oz) de saucisses italiennes douces

huile d'olive extra vierge au goût

900 g (2 lb) de brocoli

450 g (1 lb) de orechiettes courtes (penne, fusilli, rigatoni, etc.)

2 gousses d'ail émincées

3 c. à soupe de piments forts dans l'huile émincés

4 c. à soupe de fromage parmigiano reggiano râpé

sel au goût

1 Retirer la chair à saucisse des boyaux.

2 Dans une poêle, faire chauffer de l'huile d'olive et faire revenir la chair à saucisse jusqu'à ce qu'elle soit presque cuite. Réserver.

3 Faire bouillir le brocoli dans l'eau salée jusqu'à ce qu'il soit légèrement trop cuit.

4 Sortir le brocoli de l'eau et le déposer dans un bol. Avec une fourchette, le réduire en purée.

5 À ce point, faire bouillir les pâtes dans la même eau salée que celle utilisée pour cuire le brocoli.

6 Dans une grande poêle, faire chauffer de l'huile d'olive pour faire revenir l'ail et les piments forts environ une minute (ne pas laisser brûler l'ail).

7 Incorporer la chair à saucisse et la purée de brocoli dans la poêle. Laisser cuire de 3 à 5 minutes.

8 Verser le mélange dans un grand bol et y ajouter les pâtes. Bien mélanger.

9 Vérifier l'assaisonnement et saler au goût. Garnir de fromage parmesan râpé et servir.

Penne aux tomates cerises et aux bocconcini

Cette recette pourrait figurer dans un livre intitulé : *La cuisine des pâtes pour les nuls*. Si vous ne parvenez pas à la réussir, nous sommes en situation de crise culinaire ! La seule chose qui pourrait vous faire manquer ce plat, outre la qualité des produits, serait de ne pas posséder de cuisinière (l'électroménager) ou de poêle !

Ingrédients   Pour 4 personnes

560 g (1 ¼ lb) de tomates cerises en quartiers

2 gousses d'ail émincées finement

500 g (18 oz) de fromage bocconcini coupé en dés

450 g (1 lb) de penne

1 petite poignée de basilic émincé

4 c. à soupe d'huile de piments forts

3 c. à soupe d'huile d'olive extra vierge

sel au goût

1 Déposer les tomates coupées dans un grand bol.

2 Ajouter ensuite l'ail et le fromage bocconcini.

3 Dans un chaudron, faire cuire les pâtes dans l'eau bouillante salée.

4 Incorporer les pâtes chaudes au mélange de tomates.

5 Ajouter le basilic frais et l'huile de piments forts.

6 Bien mélanger en ajoutant l'huile d'olive et du sel.

Involtini di spada
Rouleaux d'espadon farci

Maria, la mère de mon beau-frère, m'avait préparé ce plat pour le lunch. J'ai été impressionné par la vitesse à laquelle elle est parvenue à ses fins. Après quelques bouchées, j'étais séduit. Il fallait que je lui demande sa recette. La voici pour vous.

truc
Vous pouvez modifier la recette en utilisant du zeste d'orange et du basilic plutôt que du citron et du thym. Assurez-vous également que les tranches d'espadon ne sont pas trop épaisses, car le temps de cuisson en serait affecté et il serait plus difficile de former les rouleaux.

Ingrédients   Pour 4 personnes

8 tranches d'espadon frais (de 1 cm d'épaisseur)

4 c. à soupe d'huile d'olive extra vierge

1 petit oignon haché (facultatif)

1 gousse d'ail broyée

4 c. à soupe de vin blanc

Farce

3 c. à soupe de chapelure

1 c. à soupe de persil italien haché

1 branche de menthe fraîche émincée

1 branche de thym haché

4 c. à soupe de fromage parmigiano reggiano râpé

1 jaune d'œuf

le zeste de 1 citron

sel et poivre au goût

1 c. à soupe d'huile d'olive extra vierge

1 Passer tous les ingrédients de la farce au robot culinaire en y incorporant graduellement un peu d'huile d'olive.

2 Répartir la farce sur chacune des pièces de poisson avant de les rouler et de les maintenir en place à l'aide d'un cure-dents.

3 Saisir délicatement les rouleaux dans l'huile chaude et l'ail. (Si vous avez décidé d'utiliser de l'oignon, le dorer d'abord dans l'huile et le retirer de la poêle avant d'y saisir le poisson.)

4 Ajouter le vin blanc après avoir saisi le poisson.

5 Réduire le feu et laisser mijoter environ 5 minutes.

6 Garnir chaque rouleau d'oignon doré, puis servir rapidement pour que le poisson ne devienne pas sec.

Pesce in cartoccio

Côtelettes de porc aux graines de fenouil

Pesce in cartoccio

Poisson en papillotte

Ma sœur Cristina s'efforce toujours de mettre au point des recettes qui prennent en considération la santé et l'apport nutritif. Voici donc un plat que nous avons concocté ensemble, elle et moi. Il vous permettra en plus d'utiliser votre tout nouveau mélange de mare spice !

truc

Il est important que vous déposiez le poisson enrobé de papier parchemin sur une plaque de cuisson. Vous ne voudriez pas avoir à nettoyer votre four à cause de ma sœur et moi. Vous pouvez aussi ajouter d'autres légumes dans la garniture, comme des carottes, des pommes de terre en cubes ou même de la courge.

Ingrédients   *Pour 4 personnes*

1 à 1,5 kg (2 à 3 lb) de poisson frais (bar commun, vivaneau, truite, etc.)	16 tomates cerises coupées en 2
3 c. à soupe de mare spice (p. 024)	1 demi-bulbe de fenouil émincé très fin
2 gousses d'ail broyées	3 c. à soupe d'huile d'olive extra vierge
1 poignée de persil italien haché	4 c. à soupe de vin blanc sec (pris à même la bouteille que vous allez boire à table),

1 Préchauffer le four à 200 °C (400 °F).

2 Éviscérer le poisson (ou demander au poissonnier de le faire pour vous) et bien le rincer.

3 Étendre deux morceaux de papier parchemin (ou d'aluminium) sur une plaque de cuisson. Déposer le poisson sur le papier et l'assaisonner de sel et de mare spice à l'intérieur comme à l'extérieur.

4 Étendre uniformément l'ail et la moitié du persil sur les parois intérieures du poisson. Recouvrir le poisson avec les tomates, le fenouil, le reste du persil, l'huile d'olive et le vin blanc.

5 Enrouler le papier parchemin autour du poisson pour que la vapeur ne s'échappe pas et qu'il cuise dans son propre jus.

6 Cuire le poisson environ 30 minutes selon sa grosseur. Servir avec un peu de salsa verde (p. 024) ou de salsa rosa (p. 025).

Côtelettes de porc aux graines de fenouil

Ma mère nous préparait souvent des côtelettes de porc quand nous étions petits. Elle les plaçait sous le gril du four et les badigeonnait de sa sauce secrète. Je vous présente ici une version abrégée de sa recette qui devrait plaire à l'amateur de porc en vous.

truc

Vos côtelettes de porc ne doivent pas être trop épaisses, car le temps de cuisson pourrait en être affecté. Avant de les flamber, retirez toujours la poêle du feu pour ajouter l'alcool, afin d'éviter les blessures. Enfin, cette recette peut s'accompagner d'à peu près n'importe quoi : une purée de pomme de terre, de légumes sautés ou même d'une simple salade !

Ingrédients   *Pour 4 personnes*

4 côtelettes de porc	2 gousses d'ail entiers
6 c. à soupe d'huile d'olive extra vierge	sel et poivre au goût
2 c. à soupe de graines de fenouil	3 c. à soupe de brandy
2 c. à soupe de beurre	

1 Déposer les côtelettes dans un grand bol. Ajouter la moitié de l'huile d'olive et les graines de fenouil. Bien mélanger afin que la viande soit bien assaisonnée.

2 Faire chauffer le beurre et le reste de l'huile d'olive dans une grande poêle. Ajouter les gousses d'ail et les laisser cuire jusqu'à ce qu'elles brunissent. Retirer l'ail, puis colorer les côtelettes des deux côtés à feux doux et les assaisonner de sel et de poivre.

3 Ajouter le brandy et le faire flamber. Réduire légèrement le feu et poursuivre la cuisson une dizaine de minutes. Servir aussitôt.

Escalopes de veau au fromage fontina

J'ai remarqué que les livres de cuisine italienne proposent souvent les mêmes recettes d'escalopes de veau. Je me suis dit qu'il serait bien de faire changement et j'ai choisi de partager la recette suivante avec vous. Elle est simple et rapide, parfaite pour un repas imprévu entre amis.

truc

Il est préférable d'utiliser du veau de lait dans cette recette. Si vous n'aimez pas le veau, vous pouvez le remplacer par des escalopes de porc ou même des poitrines de poulet désossées. Le temps de cuisson sera un peu différent, mais le résultat sera délicieux. Ne vous gênez pas pour varier les fromages. Si vous n'aimez pas le fontina, remplacez-le par un autre fromage qui fond facilement. Le cheddar ferait ici parfaitement l'affaire. Si vous êtes plus conservateur, allez-y avec du fromage mozzarella.

Ingrédients
Pour 4 personnes

1 carotte

1 courgette

1 petite aubergine

1 poireau

2 tomates italiennes

3 c. à soupe d'huile d'olive extra vierge

1 c. à soupe de beurre

1 gousse d'ail entière

4 feuilles de basilic hachées

6 escalopes de veau de 140 g (5 oz)

sel et poivre au goût

4 à soupe de farine tout usage

6 tranches de fromage fontina

1 À l'aide de la mandoline, couper d'abord tous les légumes en julienne d'environ 5 cm de longueur. Vider le jus et les graines des tomates avant de les trancher.

2 Dans une grande poêle, faire chauffer un peu d'huile et le beurre. Faire revenir la gousse d'ail jusqu'à ce qu'elle soit bien dorée et la retirer de la poêle. L'ail n'est utile que pour parfumer l'huile.

3 Faire ensuite revenir les légumes 5 minutes, à l'exception des tomates. Il faut que les légumes demeurent croustillants.

4 Ajouter ensuite les tomates et le basilic. Assaisonner et laisser cuire encore 5 minutes. Réserver.

5 Assaisonner les escalopes de sel et de poivre.

6 Fariner les escalopes des 2 côtés.

7 Dans une grande poêle allant au four, faire chauffer le reste de l'huile d'olive avant de saisir les escalopes rapidement de chaque côté pour leur donner une belle couleur dorée.

8 Hors du feu, répartir les légumes également sur chacune des escalopes.

9 Placer une tranche de fromage sur chacune des escalopes et gratiner environ 2 minutes au four sous l'élément de grillage, jusqu'à ce que le fromage soit bien fondu.

Entre amis !

J'aime beaucoup les repas-partage, qu'on appelle en anglais *potluck*. Il s'agit toujours d'un moment privilégié que de se rassembler pour partager les plats que chacun a pris le temps de préparer. La nourriture comme élément central d'une rencontre entre gens qui s'apprécient… difficile d'y voir des inconvénients. Donc, téléphonez-vous, rassemblez-vous, ouvrez quelques bouteilles et surtout, amusez-vous!

POTLUCK   FRY

...OQUETTES → SMALL

...CHINOIS → SEB

...YOGOURT → ISA
...BAOLA → JULIE   O

...TIGGIO → HUMPHREYS

...SPELLE → MOI

...MON → ANNE MARIE

...UTRE → JO FATCOW

Baluchons de bresaola au fromage à la crème

La préparation de cette recette demande un peu de patience, mais vous serez sans nul doute gratifié par les sourires de vos invités. La ciboulette donne une belle apparence à ces petits baluchons de bresaola farcis. C'est la recette parfaite si vous voulez épater un peu.

truc

Demandez au charcutier de couper les tranches de bresaola au milieu de la pièce de charcuterie, car les extrémités sont souvent plus petites. Quant aux brins de ciboulette, plus ils seront longs et frais, plus il sera facile de faire une boucle pour maintenir la viande en place. Choisissez le meilleur fromage à la crème et assurez-vous qu'il ne soit pas trop ferme.

Ingrédients   Pour 16 bouchées

140 g (5 oz) de fromage à la crème	sel et poivre au goût
1 poignée de ciboulette pleine longueur	le jus de 1 citron
80 ml (¹/₃ tasse) d'huile d'olive extra vierge	16 belles tranches de bresaola

1 Préparer la garniture en mélangeant dans un bol le fromage à la crème avec 3 à 4 pincées de ciboulette hachée et 3 c. à soupe d'huile d'olive. Assaisonner de sel et de poivre. Réserver.

2 Préparer ensuite la vinaigrette en émulsifiant le reste de l'huile d'olive et le jus de citron. Assaisonner au goût et réserver.

3 Disposer les tranches de bresaola sur une surface plane. À l'aide d'une cuillère, placer une petite quantité du mélange de fromage au milieu de chaque tranche.

4 Refermer ensuite les tranches de bresaola autour de la garniture et les maintenir en place à l'aide d'un brin de ciboulette.

5 Disposer les bouchées sur une assiette de service et les arroser d'un filet de vinaigrette.

Saumon à la sauge et au prosciutto

Il s'agit ici d'un plat très polyvalent. Selon la façon dont le saumon sera coupé, vous aurez une entrée ou un plat principal. Préparez les bouchées à l'avance et cuisez-les au moment de servir.

truc

Assurez-vous d'acheter la sauge la plus fraîche possible. Si vous désirez que le prosciutto devienne bien croustillant, saisissez d'abord les rouleaux de saumon dans une poêle très chaude et terminez la cuisson au four environ 5 minutes. Si vous avez coupé le saumon en petits morceaux, vous pourrez même effectuer toute la cuisson dans la poêle sans enfourner.

Ingrédients   Pour 6 personnes

1 filet de saumon de 675 g (1 ¹/₂ lb) coupé en 12 morceaux (sans la peau)	12 feuilles de sauge
	12 tranches de prosciutto
sel et poivre au goût	2 c. à soupe de beurre

1 Faire chauffer le four à 190 °C (375 °F).

2 Couper le filet de saumon en une douzaine de morceaux d'une épaisseur de 2 cm et d'environ 5 cm de long. Assaisonner le poisson de sel et de poivre.

3 Déposer une feuille de sauge sur chaque morceau de saumon avant de l'enrouler de prosciutto et fixer le tout à l'aide de cure-dents.

4 Faire fondre le beurre dans une poêle qui va au four et saisissez les rouleaux de chaque côté. Mettre la poêle au four et laisser cuire environ 5 à 7 minutes.

5 Sortir le poisson du four, retirer les cure-dents et servir.

aluchon de bresaola au fromage à la crème

Saumon à la sauge et au prosciutto

Croquettes de veau

On ne sait jamais à quoi s'attendre quand on mord dans des croquettes. Ces boulettes ont pratiquement toujours la même apparence après avoir été couvertes de chapelure et cuites. Il y a toujours un élément de surprise à la première bouchée..

truc

Je suggère de préparer ces croquettes avec du veau. Vous pouvez toutefois le remplacer par du porc haché, du poulet ou même de la dinde. Rappelez-vous d'utiliser de la chapelure sans assaisonnement. C'est toujours meilleur quand on ajoute soi-même la saveur. Cette recette peut être servie avec la fameuse salsa rosa (p. 024). Écœurant !

Ingrédients Pour environ 35 croquettes

140 g (5 oz) de mie de pain

480 ml (2 tasses) de lait

450 g (1 lb) de veau haché

140 g (5 oz) de mortadelle

3 œufs

55 g (½ tasse) de fromage parmigiano reggiano râpé

sel et poivre au goût

225 g (1 ¾ tasse) de farine tout usage

240 g (2 tasses) de chapelure

1 Dans un bol, laisser tremper le pain dans le lait environ 15 minutes.

2 Sortir le pain du lait et l'essorer autant que possible en le pressant avec les mains.

3 Déposer le pain et la mortadelle dans le robot culinaire et l'actionner pour obtenir un mélange homogène.

4 Dans un bol, mélanger le veau, le mélange de mortadelle, un œuf et le fromage parmesan. Assaisonner de sel et de poivre au goût.

5 Façonner des boulettes de viande d'environ 30 g (1 oz, soit la grosseur d'une balle de golf) à l'aide de vos mains mouillées. Réserver.

6 Préparer trois bols contenant respectivement la farine, les 2 œufs battus et la chapelure.

7 Tremper d'abord les croquettes dans la farine, ensuite dans les œufs et enfin dans la chapelure.

8 Répéter l'opération dans l'ordre pour chacune des boulettes.

9 Faire chauffer l'huile à 190 °C (375 °F) dans une grande poêle à frire ou une friteuse électrique. Quand l'huile est assez chaude, frire les croquettes de 3 à 5 minutes, jusqu'à ce qu'elles soient bien brunes et dorées. Si les croquettes ne sont pas tout à fait cuites, les mettre au four quelques minutes.

Pizza di Varese

J'ai mangé cette pizza pour la première fois en Italie, le jour où ma sœur m'a emmené dans la pizzeria la plus populaire de la ville de Varese. Depuis, je la prépare régulièrement et c'est un plaisir renouvelé à chaque fois. Les invités vont adorer !

truc

Utilisez autant que possible une tôle à pizza perforée. La pâte sera plus croustillante et la cuisson uniforme. Si vous n'en avez pas, une tôle régulière fera l'affaire. Par ailleurs, cette recette est fantastique quand on utilise du speck. Si vous n'arrivez pas à en trouver, remplacez-le par du prosciutto. La roquette naine se vend préemballée. Et si vous n'en trouvez pas, utilisez de la roquette régulière.

Ingrédients

1 recette de pâte à pizza (p. 022)

400 g (14 oz) de tomates en dés, en conserve

6 feuilles de basilic frais hachées

4 c. à soupe d'huile d'olive extra vierge

12 tranches de speck ou de prosciutto

30 g (1 oz) de bolets séchés (trempés dans l'eau environ 20 minutes et hachés finement)

80 g (³/₄ tasse) de fromage mozzarella râpé

80 g (³/₄ tasse) de fromage parmigiano reggiano râpé

3 poignées de roquette naine

2 c. à soupe de vinaigre balsamique

sel au goût

1 Préchauffer le four à 220 °C (425 °F).

2 Rouler la pâte, puis la déposer sur la tôle à pizza.

3 Ajouter la garniture dans l'ordre suivant : les tomates, le basilic, 2 c. à soupe d'huile d'olive, le speck, les champignons et les fromages râpés.

4 Enfourner la pizza et la laisser cuire de 15 à 20 minutes. Réserver.

5 Dans un bol, mélanger la roquette, le reste de l'huile d'olive et le vinaigre balsamique. Assaisonner de sel.

6 Étendre le mélange de roquette sur la pizza chaude et servir.

Pizza selvaggia

Il s'agit de ma pizza favorite. Il y a de cela quelques années, nous avions organisé un *dim sum* italien au restaurant Au Pied de Cochon, dans le cadre du festival Montréal en lumière. Ce jour-là, j'ai eu la chance de cuire cette pizza dans le four à bois du restaurant. Elle a connu un vif succès !

truc

Congelez le lard environ 2 à 3 heures, pour ensuite le trancher le plus finement possible avec un bon couteau ou une trancheuse électrique. Vous pouvez aussi remplacer les bolets marinés par des bolets séchés. Réhydratez les bolets séchés en les trempant dans l'eau chaude de 15 à 20 minutes, avant de les égoutter et de les éponger soigneusement. Nappez les champignons d'huile d'olive avant de les disposer sur la pizza.

Ingrédients

1 recette de pâte à pizza (p. 022)

2 c. à soupe d'huile d'olive extra vierge

10 fines tranches de lard salé sans la couenne

30 g (1 oz) de bolets marinés dans l'huile (ou secs réhydratés)

3 branches de romarin frais effeuillées et hachées très finement

80 g (³/₄ tasse) de fromage parmigiano reggiano râpé

80 g (³/₄ tasse) de fromage mozzarella râpé

1 Préchauffer le four à 220 °C (425 °F).

2 Rouler la pâte, puis la déposer sur la tôle à pizza. Arroser la pâte d'un filet d'huile d'olive.

3 Disposer les tranches de lard salé et les champignons sur la pâte.

4 Répartir le romarin un peu partout et garnir de parmesan et de mozzarella.

5 Arroser la pizza d'un filet d'huile d'olive. Cuire jusqu'à ce que la garniture soit à point et la croûte bien dorée.

Pasticcio di patate

Il s'agit d'une recette parfaite à partager entre amis si vous devez cuisiner pour un *potluck* ou si vous organisez un brunch du dimanche matin. De plus, en ajoutant un peu de roquette et de mayonnaise, vous obtiendrez une garniture à sandwich parfaite. Merci Monsieur Patate!

truc

Quand vous achetez les pommes de terre pour cette recette, essayez de trouver la variété appelée *Yukon Gold*. J'ai remarqué qu'elles donnaient de meilleurs résultats. Si vous ne trouvez pas de Yukon Gold à chair jaune, essayez les rouges, elles fonctionnent aussi très bien. Vous trouverez de la ricotta fraîche chez Milano du boulevard Saint-Laurent (juste à côté du fromage bocconcini). Mais ne vous inquiétez pas, la ricotta régulière que l'on trouve en contenants de plastique peut aussi très bien faire l'affaire.

Ingrédients — Pour 6 personnes

400 g (14 oz) de pommes de terre

3 œufs

sel et poivre au goût

360 ml (1 ½ tasse) de crème 35 % M.G.

200 g (7 oz) de ricotta

1 c. à soupe de beurre

200 g (7 oz) de speck (ou de prosciutto) en dés

2 oignons tranchés finement

1 Nettoyer les pommes de terre et les faire bouillir 15 minutes avec la peau. Les pommes de terre ne doivent pas être complètement cuites.

2 Égoutter les pommes de terre, puis les peler et les couper en tranches de 1 cm. Réserver.

3 Couper le speck en dés. Réserver.

4 Dans un grand bol, battre les œufs et les assaisonner de sel et de poivre. Ajouter la crème et la ricotta et bien mélanger. Réserver.

5 Dans une poêle, faire fondre le beurre et commencer à rissoler le speck.

6 Quand le speck devient croustillant, ajouter les oignons et laisser cuire jusqu'à ce qu'ils deviennent transparents.

7 Ajouter ensuite les tranches de pommes de terre et poursuivre la cuisson 2 ou 3 minutes.

8 Étendre le mélange de pommes de terre au fond d'un moule à tarte beurré d'environ 24 cm de diamètre. Recouvrir les pommes de terre de la préparation de ricotta et d'œufs.

9 Cuire 25 à 30 minutes au four à 180 °C (350 °F). Servir chaud ou à la température de la pièce.

Salade froide d'épeautre

En feuilletant les pages de ce livre, vous avez peut-être constaté que ma cuisine n'est pas la plus «santé» qui soit. Mais il arrive parfois que j'aie envie d'un plat nourrissant et d'inspiration végétarienne. J'adore cette salade en été, avec un poisson grillé ou même toute seule, accompagnée d'un peu de fromage.

truc

Vous pouvez utiliser d'autres céréales pour préparer cette salade. L'orge ou le quinoa, par exemple, pourraient aussi très bien faire l'affaire. Ajoutez un peu de piment fort broyé à la vinaigrette pour lui donner du tonus. Assurez-vous que vos tomates cerises sont bien mûres et sucrées. Si vous avez de la difficulté à en trouver, utilisez plutôt des tomates ordinaires prêtes à manger. Ne sacrifiez jamais le goût au profit de l'apparence !

Ingrédients   Pour 6 personnes

1,7 l (7 tasses) d'eau (pour cuisson)	140 g (5 oz) de fromage bocconcini en petits dés
310 g (11 oz) d'épeautre	5 c. à soupe d'huile d'olive extra vierge
1 c. à thé de sel	1 poignée de basilic haché
400 g (14 oz) de tomates cerises coupées en quartiers	1 c. à thé de moutarde de Dijon
3 oignons verts tranchés finement	sel et poivre au goût
1 concombre en dés	

1 Faire tremper l'épeautre dans l'eau pendant 10-12 heures et bien égoutter.

2 Dans une casserole, faire bouillir l'eau. Ajouter l'épeautre et 1 c. à thé de sel.

3 Ramener l'eau à ébullition. Réduire ensuite le feu et laisser mijoter 40 minutes, ou jusqu'à ce que l'épeautre soit bien tendre. Égoutter l'épeautre et le laisser refroidir.

4 Dans un grand saladier, mélanger l'épeautre, les tomates, les oignons verts, le concombre et le fromage.

5 Dans un petit bol à part, fouetter l'huile, le basilic et la moutarde. Assaisonner au goût.

6 Mélanger la vinaigrette à la salade en la retournant bien.

Salade de poulet de Cristina

Quand je choisissais les recettes que j'allais publier dans ce livre, je me suis aperçu, à un moment donné, que je manquais de salades. J'ai alors fait un appel outre-mer à ma sœur, j'ai jasé un peu, question de tourner autour du saladier, et je l'ai finalement convaincue de partager avec vous ses secrets, tout simples, mais délicieux.

truc

Préparez cette salade avec vos restes de poulet rôti, grillé ou bouilli. (Visitez le quartier portugais à Montréal pour d'excellents poulets.) Le truc consiste à effilocher le poulet en julienne très fine. Pour ce qui est des légumes, la mandoline est le meilleur outil.

Ingrédients   Pour 6 personnes

1 poulet rôti froid, dépecé, effiloché	1 recette de vinaigrette balsamique (p. 019)
2 carottes en julienne très fine	2 c. à soupe de ciboulette hachée
1 branche de céleri en dés	sel et poivre au goût
1 grosse courgette en julienne très fine	

1 Déposer le poulet effiloché dans un grand saladier. Ajouter les carottes, le céleri et la courgette ; bien mélanger.

2 Ajouter la quantité désirée de vinaigrette, puis la ciboulette, le sel et le poivre, et servir.

Salade froide d'épeautre

lade de poulet de Cristina

Crespelle bolognese

Crêpes salées à la Bolognese

Dans mon esprit, cette recette n'est rien de moins qu'une CHAMPIONNE! Ne vous découragez pas en prenant connaissance des nombreuses manipulations. Il y a plusieurs étapes et le tout peut sembler complexe, mais en réalité, il n'en est rien. Prenez votre temps.

truc

Idéalement, les crespelle devraient avoir exactement le même diamètre que le moule à charnière pour que le plat monté ait une belle apparence uniforme. Faites très attention aussi si vous voulez transférer le plat sur une assiette de service. Personnellement, je le sers toujours sur la base du moule, pour être certain de ne pas gâcher la présentation, tout en faisant attention à ne pas abîmer le moule en utilisant une spatule de plastique.

Ingrédients *Pour 6 personnes*

Pour 8 crespelle

3 œufs

360 ml (1 ½ tasse) de lait

1 pincée de sel

225 g (1 ¾ tasse) de farine tout usage

huile d'olive extra vierge

Sauce bolognese

3 c. à soupe de beurre

2 c. à soupe d'huile d'olive extra vierge

1 oignon haché finement

2 carottes en dés

2 branches de céleri en dés

450 g (1 lb) de veau haché

400 g (14 oz) de tomates en conserve, en dés

1 c. à thé de piments forts séchés et broyés

sel et poivre au goût

Béchamel

1 c. à soupe de beurre

1 c. à soupe de farine tout usage

240 ml (1 tasse) de lait

2 c. à soupe de fromage parmigiano reggiano râpé

sel et poivre au goût

Montage

160 g (1 ½ tasse) de fromage parmigiano reggiano râpé

300 g (2 tasses) de fromage fontina râpé

Crespelle

1 Dans un bol, fouetter les œufs et le lait. Ajouter le sel et la farine en fouettant pour éviter la formation de grumeaux. Réfrigérer le mélange 30 minutes.

2 À feu moyen, chauffer un peu d'huile d'olive dans une poêle antiadhésive de 20 cm de diamètre. Verser ensuite du mélange à crespelle dans la poêle juste assez pour qu'il en recouvre toute la surface. Cuire les crespelle doucement pour qu'elles soient bien dorées des 2 côtés. Laisser refroidir.

Sauce bolognese

1 Dans une casserole, faire chauffer le beurre et l'huile d'olive avant d'ajouter l'oignon. Quand l'oignon est transparent, ajouter les carottes et le céleri et poursuivre la cuisson quelques minutes.

2 Incorporer le veau haché et laisser cuire de 5 à 7 minutes supplémentaires. À ce stade, les légumes devraient être tendres et la viande colorée. Ajouter les tomates et les piments forts. Assaisonner de sel et de poivre. Laisser ensuite mijoter une vingtaine de minutes.

3 Retirer du feu et laisser refroidir.

Béchamel

Dans une petite poêle, faire fondre le beurre à feu moyen. Incorporer la farine pour former un roux. Ajouter ensuite le lait en fouettant continuellement jusqu'à ce que la béchamel épaississe. Retirer la poêle du feu et ajouter le parmesan. Assaisonner et laisser refroidir.

Montage

1 Penser lasagne! Dans un moule à charnière rond de 20 cm de diamètre, empiler les ingrédients dans l'ordre suivant: crespelle, sauce bolognese, béchamel, parmesan et fontina.

2 Répéter l'opération 7 fois en couronnant le tout de parmesan et de fontina. Cuire de 25 à 30 minutes au four à 180 °C (350 °F). Laisser reposer 10 minutes, démouler et servir.

Pâtes au pesto de tomates séchées et d'ail rôti

J'étais encore enfant quand ma mère m'a appris à préparer ce pesto. Je ne savais pas à l'époque qu'il existait des dizaines et des dizaines de recettes de pesto. Mais comme c'est la première que j'ai apprise, il était pour moi évident que j'allais l'inclure dans ce livre. Tout ce dont vous aurez besoin, c'est d'un pilon et d'un mortier. Vous trouverez des recettes de pestos semblables dans d'autres livres de cuisine italienne mais, croyez-moi, celle-ci est la meilleure !

truc

Vous pouvez utiliser des tomates séchées, en vrac ou conservées dans l'huile. Les pignons peuvent être remplacés par des noisettes, des pistaches ou des amandes. Le pesto s'intègre aux pâtes, à la bruschetta, à la frittata, à la polenta et il accompagne parfaitement les légumes grillés. Enfin, ne vous gênez pas pour l'essayer dans une salade de pommes de terre !

Ingrédients — Pour 4 personnes

1 tête d'ail	2 c. à soupe de pignons
240 ml (1 tasse) d'huile d'olive extra vierge	450 g (1 lb) de pâtes courtes (penne, fusilli, farfalle, etc.)
200 g (7 oz) de tomates séchées	
1 poignée de persil italien	3 c. à soupe de fromage parmigiano reggiano râpé
2 c. à soupe de ciboulette hachée	sel de mer au goût

1 Couper la partie supérieure de la tête d'ail et la déposer sur un morceau de papier d'aluminium.

2 Verser un peu d'huile d'olive sur la tête d'ail et l'assaisonner de sel de mer.

3 Rôtir la tête d'ail environ 45 minutes au four à 160 °C (325 °F).

4 Pendant ce temps, rôtir les pignons dans une poêle ou au four. Réserver.

5 Quand la tête d'ail est bien dorée, la presser dans le mortier et ajouter les tomates, le persil, la ciboulette et les pignons. Battre avec le pilon rapidement pendant quelques minutes (ou utiliser un robot culinaire).

6 Placer le mélange dans un bol et ajouter l'huile d'olive. Mélanger le tout avec une cuillère et laisser reposer 30 minutes.

7 Cuire les pâtes à l'eau bouillante salée.

8 Déposer le pesto dans un grand bol. Incorporer les pâtes et bien mélanger.

9 Servir tiède. Garnir d'un trait d'huile d'olive et de fromage parmesan frais râpé.

Pois chiches et bolets

Lentilles et saucis

Pois chiches et bolets

Maria, la mère de mon beau-frère, avait préparé ce plat lorsque j'ai mangé à sa table pour la première fois. Ma sœur Cristina m'avait répété à plusieurs reprises que cette femme était une excellente cuisinière. À la première bouchée, j'ai réalisé ce qu'elle voulait dire. Il s'agit d'une préparation toute simple qui accompagne parfaitement les rôtis ou les viandes grillées.

truc

Vous pouvez utiliser des bolets frais, mais ils sont généralement chers. Vous en aurez besoin d'environ 200 g (7 oz). Quant aux pois chiches, ils sont toujours meilleurs secs qu'en conserve. Mais si vous n'avez pas le temps de les faire cuire vous-même, ces derniers conviendront.

Ingrédients   Pour 4 à 6 personnes

3 c. à soupe d'huile d'olive extra vierge	1 c. à thé de piments forts dans l'huile hachés
1 gousse d'ail émincée	4 c. à soupe de persil italien haché
400 g (14 oz) de pois chiches cuits	sel et poivre au goût
30 g (1 oz) de bolets séchés, réhydratés et hachés	

1 Faire chauffer l'huile dans une poêle avant d'ajouter l'ail et les pois chiches.

2 Laisser revenir 2 minutes avant d'ajouter les bolets et les piments forts. Poursuivre la cuisson 5 minutes.

3 Ajouter le persil et assaisonner de sel et de poivre. Bien mélanger et servir.

Lentilles et saucisses

Quand j'étais étudiant au cégep, j'ai habité trois ans avec ma sœur Cristina. Elle avait l'habitude de nous préparer une soupe aux lentilles extraordinaire. Cette recette s'inspire de ses talents culinaires. Merci de m'avoir nourri, grande sœur !

truc

Essayez de trouver une variété de saucisses contenant des graines de fenouil. Ne vous gênez pas non plus pour choisir des saucisses épicées si le cœur vous en dit. Les lentilles vertes sont ici un choix tout indiqué, car elles conserveront leur forme pendant la cuisson. Pour donner un petit plus à ce plat, ajoutez un beau gros morceau de bacon et une croûte de parmesan en début de cuisson !

Ingrédients   Pour 4 à 6 personnes

4 c. à table d'huile d'olive extra vierge	1 c. à soupe de piments forts dans l'huile émincés finement
1 petit oignon émincé	
1 carotte émincée	4 branches de thym
1 branche de céleri émincée	4 feuilles de laurier
55 g (2 oz) de pancetta coupée en dés ou de bacon	sel et poivre au goût
700 g (1 ½ lb) de saucisses italiennes douces coupées en morceaux	950 ml (4 tasses) d'eau
	310 g (11 oz) de lentilles vertes ordinaires
400 g (14 oz) de tomates en conserve, en dés	

1 Dans une grande casserole, chauffer l'huile d'olive. Ajouter l'oignon, la carotte et le céleri et les faire revenir environ 5 minutes.

2 Ajouter la pancetta, la saucisse, les tomates, les piments forts, le thym et les feuilles de laurier. Laisser cuire à feu moyen de 8 à 10 minutes.

3 Saler et poivrer puis ajouter les lentilles et l'eau, et laisser mijoter à feu moyen de 30 à 40 minutes.

4 Servir dans un bol et garnir d'un trait d'huile d'olive, avec une tranche de pain croûté.

Poulet au porto

Je ne crois pas avoir jamais rencontré quelqu'un qui n'aimait pas le poulet. C'est la raison pour laquelle je recommande cette recette pour un *potluck*. Il s'agit d'une valeur sûre et tous les convives présents se lécheront les doigts de plaisir quand ils en auront fini avec votre délicieux poulet au porto !

truc

Si possible, procurez-vous un poulet de grain. Je vous suggère de faire enlever la peau, à moins que vous ne soyez assez habile de votre couteau pour le faire vous-même. Plusieurs marques de porto sont offertes à la SAQ. J'ai essayé cette recette avec toutes sortes de porto et j'ai obtenu les meilleurs résultats avec le Bin 27 de la maison Fonseca. Enfin, il s'agit de la recette parfaite si vous désirez cuisiner un plat principal quelques jours à l'avance. Vous n'aurez qu'à le réchauffer au four à faible température en le recouvrant de papier d'aluminium.

Ingrédients   Pour 4 à 6 personnes

1 gousse d'ail émincée

1 oignon émincé

4 c. à soupe de beurre

1 poulet entier d'environ 1,5 kg (3 lb) coupé en morceaux

180 ml ($^3/_4$ tasse) de porto

3 poivrons (1 rouge, 1 vert et 1 jaune) en fines lanières

400 g (14 oz) de tomates en conserve, en dés

4 feuilles de laurier en fines lanières

4 feuilles de sauge hachées

6 feuilles de basilic hachées

110 g (4 oz) d'olives vertes dénoyautées et coupées en morceaux

55 g (2 oz) de câpres

sel et poivre au goût

1 Couper les poivrons en fines lanières. Réserver.

2 Dans une poêle, faire revenir l'ail et l'oignon dans le beurre.

3 Saisir ensuite les morceaux de poulet dans la poêle jusqu'à ce qu'ils soient dorés.

4 Déglacer avec le porto et laisser réduire quelques minutes.

5 Ajouter les poivrons, les tomates, les herbes, les olives et les câpres. Assaisonner le tout de sel et de poivre.

6 Laisser mijoter environ 50 minutes à feu moyen en remuant légèrement de temps en temps avec une cuillère de bois.

Pâté chinois
à l'italienne

Voici ma façon d'adapter un classique de la cuisine traditionnelle québécoise, qui démontre bien mon amour de la purée de pommes de terre. La préparation peut sembler un peu longue, mais elle est tout à fait simple. Et ne vous gênez surtout pas pour exprimer votre créativité culinaire dans la garniture du milieu. Amusez-vous bien !

truc

Quand vous cuisinez vos pommes de terre, déposez-les dans l'eau dès le début et non lorsqu'elle bout. Conservez également la pelure, ce qui leur permettra de cuire sans absorber trop d'eau. Et souvenez-vous de saler l'eau de cuisson suffisamment... Il n'y a rien de plus triste que des pommes de terre sans saveur. Si vous voulez que cette recette soit un peu plus engraissante, remplacez le lait par de la crème 35 % M.G. et, plutôt que de saupoudrer légèrement le plat de parmesan, utilisez une bonne quantité de votre fromage favori. Assurez-vous seulement qu'il s'agit d'un fromage qui fond facilement ! Une fois cuit, le plat se conserve plusieurs jours au réfrigérateur dans un contenant hermétique et il se réchauffe facilement au four à micro-ondes. Emportez-en un morceau au travail pour le lunch.

Ingrédients *Pour 6 personnes*

55 g (2 oz) de bolets séchés	3 œufs
900 g (2 lb) de pommes de terre	310 g (11 oz) de saucisses italiennes douces
4 c. à soupe de beurre	310 g (11 oz) de champignons de Paris émincés
120 ml ($^1/_2$ tasse) de lait	1 poignée de persil italien haché
sel et poivre au goût	2 c. à soupe de chapelure
$^1/_2$ c. à thé de muscade	3 poivrons rouges rôtis
80 g ($^3/_4$ tasse) de fromage parmigiano reggiano râpé	1 jaune d'œuf

1 Laisser les bolets tremper dans l'eau tiède environ 15 minutes. Égoutter et hacher. Réserver.

2 Cuire les pommes de terre non pelées dans l'eau salée jusqu'à ce qu'elles soient bien tendres, puis les peler et, pendant qu'elles sont encore chaudes, les écraser dans une casserole à l'aide d'un presse-purée.

3 Chauffer les pommes de terre à feu doux et leur ajouter la moitié du beurre et le lait en les mélangeant pour obtenir une texture lisse. Assaisonner de sel, de poivre et d'un peu de muscade.

4 Retirer les pommes de terre du feu avant d'ajouter le parmesan et les 3 œufs en mélangeant vigoureusement (les œufs ne doivent pas coaguler). Réserver.

5 Retirer la chair à saucisse des boyaux.

6 Dans une grande poêle, faire fondre le reste du beurre et faire revenir la chair à saucisse. Tasser la viande dans un coin de la poêle, ajouter les bolets et les champignons de Paris et laisser revenir jusqu'à ce que les champignons soient bien dorés. Ajouter le persil haché et assaisonner la viande de sel et de poivre. Réserver.

7 Beurrer un moule de 20 x 20 cm et le saupoudrer de chapelure pour qu'il en soit entièrement recouvert. Enlever l'excès.

8 Déposer le mélange de saucisses et de champignons, les poivrons rôtis, et finir avec la purée de pommes de terre.

9 Badigeonner les pommes de terre avec le jaune d'œuf.

10 Mettre le plat au four à 180 °C (350 °F) pour environ 15 minutes ou jusqu'à ce que les pommes de terre soient bien dorées. Servir immédiatement.

Semifreddo à la ricotta et au nougat

Je ne sais pas pour vous, mais moi, l'une des choses que je préfère, c'est la bonne vieille crème glacée à la vanille. Je peux en manger avec à peu près tous les desserts. Cette recette est donc incontournable, car elle vous permet de préparer quelque chose qui se rapproche de la crème glacée de façon beaucoup plus simple. Une fois que vous aurez maîtrisé la base de cette recette, les variations seront infinies... celle-ci est ma préférée !

truc

La chose à retenir pour cette recette est d'utiliser un batteur électrique pour obtenir la texture la plus onctueuse qui soit. Aussi si vous n'êtes pas amateur de nougat, ajoutez-y des fruits, du chocolat, des biscuits, avec ou sans noix... les possibilités sont nombreuses ! Laissez les enfants choisir, je suis persuadé qu'ils seront inspirés et inspirants !

Ingrédients

Pour 6 pots Mason de 250 ml

4 œufs	450 g (1 lb) de fromage ricotta
90 g (¹/₂ tasse) de sucre	150 g (1 tasse) de nougat concassé en petits morceaux
4 c. à soupe de rhum	

1 Dans deux bols, séparer les blancs des jaunes d'œufs. Battre les jaunes d'œufs et le sucre à l'aide d'un batteur électrique.

2 Ajouter le rhum et la ricotta et battre jusqu'à ce que le mélange soit lisse et homogène. Ajouter le nougat et bien mélanger.

3 Monter les blancs d'œufs en neige ferme, mais non sèche et les incorporer à l'appareil de ricotta (plier les blancs dans le mélange).

4 Remplir les pots Mason de la préparation et les mettre au congélateur de 4 à 6 heures.

Boudin au chocolat

Un dessert qui donne tout son sens au mot « simplicité ». Pas de pétrissage, pas de cuisson, pas de congélation. Vous mélangez les ingrédients, vous les modelez en forme de saucisson et vous laissez reposer le tout au réfrigérateur. Est-ce assez facile à votre goût ?

truc

Le secret de cette recette réside dans le cacao. Un cacao de grande qualité fera ici des miracles. J'utilise habituellement les produits de marque Valrhona, mais il se peut qu'ils soient difficiles à trouver. Si vous ne réussissez pas à mettre la main sur des biscuits Amaretti, vous pouvez facilement les remplacer par des biscotti aux amandes.

Ingrédients   Pour 8 à 10 tranches

4 jaunes d'œufs	200 g (7 oz) de biscuits secs Amaretti moulus finement
120 g (²/₃ tasse) de sucre	
120 ml (¹/₂ tasse) de lait	110 g (4 oz) de noix hachées grossièrement (pignons, pistaches, amandes, etc.)
110 g (4 oz) de beurre non salé fondu	
110 g (³/₄ tasse) de cacao semi-sucré	110 g (4 oz) de beurre non salé fondu

1 Dans un bol, battre les jaunes d'œufs et le sucre. Ajouter le lait et continuer de battre le mélange une minute.

2 Ajouter le beurre fondu, le cacao, les biscuits secs moulus et les noix. Bien mélanger pour former une boule de pâte collante.

3 Déposer la pâte au chocolat sur un morceau de pellicule plastique et façonner un cylindre ayant la forme d'un salami en refermant chaque extrémité de la pellicule plastique.

4 Enrouler le boudin dans du papier d'aluminium et resserrer encore une fois les extrémités. Laisser reposer au réfrigérateur de 6 à 8 heures.

Semifreddo à la ricotta et au nougat

Boudin au chocolat

Gâteau au yogourt et à la semoule

La semoule ne sert pas uniquement à préparer la polenta ou les pâtes ! Voici un gâteau léger qui devrait satisfaire vos désirs sucrés à la fin d'un repas entre amis. Coupez-le en petits carrés et accompagnez-le d'un espresso.

truc

J'utilise de la levure préparée de la marque Bertolini ou Paneangeli pour cette recette. Vous devriez en trouver dans la plupart des épiceries italiennes spécialisées. Si vous n'en trouvez pas, remplacez-la par 2 c. à thé de poudre à pâte ordinaire et 1 c. à thé d'extrait de vanille concentré. Le glaçage dont je donne la recette accompagne très bien différents gâteaux, muffins et pains ou pâtisseries.

Ingrédients   *Pour 6 personnes*

Gâteau

85 g (6 c. à soupe) de beurre ramolli
120 g (^{2}/$_3$ tasse) de sucre
16 g (1 sachet) de levure préparée
130 g (1 tasse) de farine tout usage
90 g (^{3}/$_4$ tasse) de semoule
2 œufs
240 ml (1 tasse) de yogourt nature
le zeste de 1 citron
12 quartiers de pêches dans le sirop

Glaçage

1 c. à soupe de beurre
2 c. à soupe de miel
3 c. à soupe de mascarpone
Le jus et le zeste de 1 demi-citron
120 ml (^{1}/$_2$ tasse) de lait

Gâteau

1 Préchauffer le four à 190 °C (375 °F) et graisser un moule à gâteau carré de 20 cm.

2 Dans un bol, battre le beurre et le sucre jusqu'à l'obtention d'une texture lisse.

3 Dans un autre bol, mélanger la levure préparée, la farine et la semoule.

4 Battre les œufs et les ajouter au mélange de beurre.

5 Incorporer d'abord, lentement, le mélange de farine. Poursuivre ensuite avec le yogourt et le zeste du citron.

6 Incorporer les morceaux de pêches et mélanger doucement avec une spatule.

7 Verser le mélange à gâteau dans le moule et le cuire 35 à 40 minutes.

Glaçage

1 Mettre tous les ingrédients pour le glaçage dans une petite casserole.

2 À feu moyen, amener le mélange à ébullition en brassant de temps en temps.

3 Retirer le glaçage du feu et le laisser tiédir à la température de la pièce.

4 Le verser sur le gâteau et servir.

Verte jeunesse en quête de son destin

Dans les premiers temps, l'école de cuisine accueillait de six à huit personnes par cours, qui se tenaient dans un petit appartement adjacent à la quincaillerie. C'était un lieu multifonctionnel, car on y donnait les cours de cuisine le soir et ma sœur Cristina l'habitait le reste du temps. Cristina était l'assistante de ma mère. Elle divertissait les étudiants en leur racontant des histoires inspirées des recettes enseignées par ma mère. Il s'agissait souvent d'anecdotes familiales qui, comme par magie, faisaient disparaître la distance pouvant exister entre un professeur et ses élèves. À la fin des cours, chacun se connaissait par son nom, et le groupe se régalait des petites douceurs préparées par Elena et Cristina. Grâce au dévouement de ma mère, le bon vieux bouche à oreille a fonctionné, et l'école Mezza Luna a acquis une bonne réputation. La convivialité de la formule plaisait et le public en redemandait.

Durant ces années, je n'étais qu'une verte jeunesse en quête de son destin. En l'espace de 18 mois, j'ai étudié au collège, abandonné pour le marché du travail et choisi de retourner au collège. Mon expérience de travail m'avait par contre beaucoup plu et laissé entrevoir une passion pour la vente et le travail avec le public. J'ai poursuivi et complété une formation en design graphique.

Chasseurs et gourmets

La progression de l'école de cuisine était constante. Il y avait davantage d'élèves dans les cours et on y enseignait presque tous les soirs. L'affluence à l'école commençait également à avoir un impact sur les ventes du magasin. Le plan de Cristina s'était avéré juste et, après tant d'années de travail acharné, Elena voyait enfin ses efforts récompensés. De son côté, mon oncle Rodolfo avait aussi su persévérer, et le rayon des armes à feu était sur le point d'acquérir ses lettres de noblesse. Les femmes de la quincaillerie – Elena, Maria et Cristina – réaménageaient constamment la section des articles de cuisine pour y accueillir le plus grand nombre de gourmets possible. Le travail était accaparant, mais toute la famille était heureuse de jouer du coude avec les clients de plus en plus nombreux dans l'espace exigu de la quincaillerie.

Un jour, à la fin de l'été, un individu barbu et hirsute entra dans le magasin à la recherche d'un presse-tomates. Il avait entendu dire que la Quin-

d'une raison. Il a d'ailleurs donné de nombreux cours à l'école Mezza Luna et, encore aujourd'hui, il propose des ateliers de cuisine sur le foie gras dans les semaines qui précèdent Noël.

Pizza Power

La volubilité de ma mère lorsqu'elle donne ses cours est assez remarquable. Je ne sais pas combien de personnes ont pu me parler de la glorieuse escapade suivante. Vous noterez ici encore le rôle prépondérant de la pizza dans ma formation personnelle. À

012

caillerie Dante était le meilleur endroit pour trouver ce genre d'articles. Bien qu'il n'avait jamais fait de tomates en conserve, il envisageait d'en préparer 1000 litres (!) pour répondre aux besoins du Globe, un restaurant dont il était le chef. Il y avait des atomes crochus entre Martin Picard et le petit monde de la Quincaillerie Dante. Il venait souvent discuter de cuisine avec Elena ou visiter Cristina, pour qui il éprouvait une profonde affection. C'est ainsi que j'ai pu me retrouver régulièrement au chic restaurant Globe du boulevard Saint-Laurent, à déguster la cuisine exceptionnelle de Martin Picard. Depuis ce temps, il fait en quelque sorte partie de la famille pour plus

l'école secondaire, je sacrifiais volontiers mes cours pour aller préparer de la pizza à mes amis. Un jour, mon père nous surprit en plein après-midi en train d'engouffrer pizza et bière à bon rythme. À notre étonnement, il accepta même avec joie de se joindre à notre collation. Le lendemain, quand mes amis et moi nous sommes fait imposer une semaine de retenue, j'ai alors compris – rétrospectivement – la raison de sa bonne humeur la veille à table !

Le grand frère

Je ne sais pas si c'est à cause de cette histoire, mais, un jour, les étudiants de l'école de cuisine se sont mis à demander à ma mère si je pouvais leur donner des cours sur la préparation de la pizza. Cette proposition me prit de court. J'étais un peu intimidé à l'idée de faire partie du personnel enseignant de Mezza Luna, beaucoup plus qualifié que moi. Mais à force de passer du temps avec Martin Picard, je me suis laissé convaincre. Il était sans prétention tout en étant très créatif. Une vraie inspiration. Il était un

bilités, mais c'était pour le mieux. Elle est retournée vivre sur la terre de nos aïeux en avril 1999. La quincaillerie continuait de bien fonctionner, mais la charge de travail laissée par ma sœur commençait à peser sur les épaules de ma mère. J'étais moi-même en train de brûler la chandelle par les deux bouts en travaillant le jour comme graphiste et en enseignant la cuisine chaque soir de 18 h 30 à 22 h. En octobre 2002, je suis devenu l'une des figures que l'on voit régulièrement à la Quincaillerie Dante. La décision m'a tout de suite semblé parfaite. J'habitais d'ailleurs

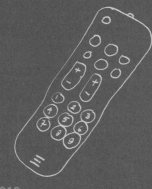

012 Je manque cruellement de place pour vous raconter cette extraordinaire partie de chasse **013** La quincaillerie Dante, une deuxième maison **014** La famiglia Vendittelli.

013

peu comme le grand frère que je n'avais jamais eu. Sa façon spontanée d'aborder la cuisine m'a donné des ailes. Il était temps pour moi de faire le saut derrière le comptoir ! J'ai commencé par assister ma mère lorsqu'elle préparait la pizza à ses cours. Mes aptitudes en cuisine se développaient rapidement grâce au soutien technique de mes deux mentors, Elena et Martin. Petit à petit, je me suis retrouvé à enseigner à l'école de cuisine quatre soirs par semaine, et, depuis, chaque cours est un plaisir renouvelé.

Trois ans ont ainsi passé et, bien que ma sœur et mon beau-frère Picard préféré aient rompu, leur amitié est restée très forte. Cristina était mûre pour le changement. Ce fut pour elle très difficile d'abandonner toutes ses responsa-

dans la Petite Italie depuis deux ans, et ma mère avait besoin d'une personne de confiance sur place. J'avais également acquis une connaissance des produits exceptionnels vendus à la quincaillerie en les utilisant tous les soirs à l'école de cuisine.

Comme si tout n'allait pas assez bien, j'ai même commencé à me faire un peu d'argent de poche en cuisinant pour des particuliers dans la cuisine de l'école les soirs de fin de semaine. En me disant que ça payerait le loyer, je me suis vite retrouvé à cuisiner un samedi soir sur deux, pour être sûr de ne pas avoir le temps de m'ennuyer. (J'imagine que vous vous inquiétez pour moi et ma vie sociale, mais ne vous en faites pas.

J'ai quand même réussi à libérer deux ou trois soirées, peut-être quatre, pour faire la fête avec les amis!)

Le gars de la pizza à la télé

Dans le petit monde de la cuisine, ma mère était de plus en plus populaire et on s'est mis à l'inviter à des émissions culinaires de toutes sortes. Elle crevait l'écran avec ses manières à la fois humbles et familières. Un jour, elle m'a demandé si j'aimerais faire partie des cuisiniers invités à la populaire, émission *À la di Stasio*. Josée voulait présenter une recette de pizza maison et ma mère voyait en moi l'invité idéal. J'ai participé à l'émission du vendredi précédant le Super Bowl. Quoi de mieux qu'une bonne pizza croustillante et quelques bières mousseuses pour accompagner le match? Je me souvenais de mon école secondaire! Par la suite, les gens se sont mis à me reconnaître au magasin en me demandant si j'étais bien « le gars de la pizza à la télé ». Évidemment, je me suis senti gratifié. Mon amour de la pizza ne m'avait pas trompé. On verra bien où tout cela me mènera... Ce que j'ai essayé d'expliquer dans ces lignes, c'est que la nourriture me suit depuis toujours, de la cuisine familiale de mon enfance à l'école buissonnière de mon adolescence, en passant par l'école Mezza Luna et la Quincaillerie Dante qui sont, en quelque sorte, mes résidences secondaires. Et, en vérité, je ne crois pas que j'aurais pu demander mieux!

Ma
mère

cuisine

Même si Elena n'a jamais été du genre «femme au foyer», c'est grâce à elle que je peux aujourd'hui présenter un livre de recettes. En plus de m'élever, elle m'a enseigné la cuisine et transmis son amour de la convivialité. D'aussi loin que je me souvienne, ses plats ont toujours été délicieux. Voici donc, sans plus de présentations, un pot-pourri de recettes fantastiques empruntées au très vaste répertoire de ma mère.

Bruschetta au caviar d'aubergine

En 2006, le magazine *Gourmet* consacrait son numéro de mars à la scène culinaire montréalaise. Cette recette de bruschetta a été acceptée par le conseil éditorial. Elle est parue dans un article consacré à Elena et à sa cuisine. Au cas où vous l'auriez manquée, voici de nouveau cette recette en format imprimé !

truc

Essayez d'utiliser de petites aubergines, car elles contiennent habituellement moins de graines. C'est une bonne idée de déposer les gousses d'ail sur les demi-aubergines, car il y a des chances qu'elles brûlent et qu'elles collent si vous les déposez directement sur la plaque. Si par hasard il vous restait du caviar d'aubergine, faites cuire des pâtes et ajoutez-y le mélange d'aubergine… simple et délicieux !

Ingrédients Pour 20 à 30 bruschetta

6 petites aubergines coupées en 2	gros sel et poivre au goût
1 poignée de fines herbes hachées (thym, origan, romarin)	240 ml (1 tasse) d'huile d'olive extra vierge
	2 poignées de persil italien haché
6 gousses d'ail non pelées	1 pain baguette

1 Faire des incisions dans la chair des aubergines afin que l'huile et les herbes soient bien absorbées à la cuisson.

2 Déposer les moitiés d'aubergines sur une plaque allant au four, puis les saupoudrer d'herbes hachées.

3 Placer les gousses d'ail sur les demi-aubergines, assaisonner de gros sel et napper d'huile d'olive.

4 Cuire au four à 170 °C (325 °F) environ une heure, ou jusqu'à ce que la chair soit assez tendre pour se détacher facilement de la peau et la mettre dans un grand bol.

5 Retirer les aubergines du four. À l'aide d'une cuillère, séparer la chair de la peau.

6 Peler l'ail rôti et le mélanger à la chair des aubergines.

7 Hacher la chair d'aubergine et l'ail avec une mezza-luna (p. 069) en y incorporant le persil.

8 Rectifier l'assaisonnement et ajouter de l'huile d'olive si nécessaire.

9 Trancher la baguette. Badigeonner les tranches d'huile d'olive puis les faire griller et les tartiner avec le caviar d'aubergines.

Suppli al Telefano

Quand j'étais petit, c'était mon plat préféré. Ma mère me le préparait pour ma fête, ou lorsque mon bulletin scolaire était remarquable – ce qui n'est pas arrivé très souvent ! Ce plat fait toujours partie de mes péchés mignons, comme vous le constatez. Je crois même que je l'apprécie davantage que lorsque j'étais plus jeune.

truc

C'est la seule recette où je peux tolérer le riz trop cuit. Il est préférable aussi d'utiliser du riz arborio ordinaire pour la préparation, car il est abordable et son grain a tendance à éclater plus rapidement que certaines variétés plus sophistiquées. Mouillez toujours vos mains quand vous façonnez les boulettes de riz. Si vous ne le faites pas, vous pourriez finir par inventer un langage qui n'existe pas pour me maudire à voix haute ! Une fois cuits, les suppli peuvent être congelés. Vous n'avez qu'à les réchauffer au four 30 minutes à 150°C (300 °F) avant de les servir. Parfait pour des invités inattendus !

Ingrédients   Pour 12 suppli

Riz

480 ml (2 tasses) d'eau

400 g (14 oz) de tomates en conserve, en dés

330 g (1 ³/₄ tasse) de riz arborio

4 c. à soupe de beurre

4 c. à soupe de fromage parmigiano reggiano râpé

2 œufs

Farce

1 oignon

4 c. à soupe de beurre

110 g (4 oz) de veau haché

30 g (1 oz) de prosciutto haché

30 g (1 oz) de bolets séchés, réhydratés et hachés

200 g (7 oz) de tomates en conserve, en dés

4 c. à soupe de bouillon de poulet (p. 018)

Montage

110 g (4 oz) de fromage mozzarella en petits cubes

130 g (1 tasse) de farine tout usage

2 œufs

110 g (1 tasse) de chapelure

huile végétale (pour la friture)

Riz

1 Dans une casserole, faire bouillir l'eau et les tomates avant d'ajouter le riz, du sel et le beurre. Laisser mijoter de 20 à 25 minutes à feu moyen.

2 Transférer le riz dans un bol et laisser refroidir le riz. Ajouter le parmesan et les 2 œufs.

Farce

1 Pendant ce temps, dans une poêle, faire sauter l'oignon dans le beurre jusqu'à ce qu'il soit transparent.

2 Ajouter le veau, le prosciutto et les champignons hachés et laisser cuire 3 ou 4 minutes, puis verser la sauce tomate et le bouillon de poulet.

3 Cuire environ 10 minutes ou jusqu'à évaporation du liquide. Saler et laisser refroidir.

Montage

1 Quand la farce est froide, prendre 1 cuillerée de riz et former une demi-sphère dans laquelle il sera possible de creuser un petit puits.

2 Remplir le puits de farce et de 1 ou 2 cubes de mozzarella avant de recouvrir le tout d'une autre demi-sphère de riz pour former une boulette. Répéter l'opération autant de fois qu'il le faudra.

3 Fariner les boulettes et les tremper dans les œufs battus avant de les rouler dans la chapelure.

4 Frire les suppli dans l'huile végétale et servir.

Minestrone di mamma

Je crois que le souvenir de cette soupe remonte au jour de ma naissance! Il s'agit d'une recette passée de génération en génération, de mon arrière-arrière-grand-mère jusqu'à vous. Plein de légumes et de bonnes choses, ce minestrone se mange presque à la fourchette. Après en avoir mangé, vous risquez de ressentir du réconfort... sinon de l'amour.

truc

Quand ma mère prépare cette soupe, elle utilise de la pancetta. Personnellement, je préfère le bon vieux bacon canadien. Si vos enfants prétendent ne pas aimer les légumes, passez la soupe au mélangeur pour en faire une purée. Ils n'y verront que du feu !

Ingrédients — Pour 6 personnes

250 g (9 oz) de haricots blancs secs	400 g (14 oz) de tomates en conserve, en dés
120 ml (½ tasse) d'huile d'olive extra vierge	1 demi-tête de chou frisée coupée grossièrement
2 gousses d'ail émincées	3 poireaux en rondelles
1 oignon émincé	3 courgettes en dés
2 branches de céleri en dés	1 poignée de basilic frais haché
1 carotte en dés	1 poignée de persil italien haché
1 branche de romarin frais haché	2,15 l (9 tasses) d'eau
225 g (8 oz) de bacon ou de pancetta en dés	sel et poivre au goût

1 Laisser tremper les haricots dans l'eau durant 12 heures.

2 Faire cuire les haricots dans l'eau environ une heure et les égoutter. Rincer.

3 Réduire en purée la moitié des haricots à l'aide d'un mélangeur.

4 Dans une casserole, faire revenir dans l'huile, l'ail, l'oignon, le céleri, la carotte, le romarin et le bacon environ 5 à 7 minutes.

5 Ajouter ensuite les tomates, le chou, les poireaux, les courgettes, le basilic, le persil et les haricots (entiers et en purée). Laisser cuire 10 à 15 minutes.

6 Incorporer l'eau et amener la soupe à ébullition. Réduire le feu et laisser mijoter à découvert environ 45 minutes (comme le dit Elena, « votre cuillère devrait être capable de se tenir *debout* au centre de la soupe! »).

7 Assaisonner de sel et de poivre.

Fettuccine al sughetto agli aromi   Pasta al ragu di tonno

Pasta al ragu di tonno

`Pâtes au thon`

Il s'agit de la recette parfaite pour tous ceux qui travaillent trop et qui n'ont pas une minute à eux. Ce plat est prêt en quinze minutes exactement et il est absolument délicieux !

truc

Choisissez toujours du thon conservé dans l'huile d'olive. Et, malgré le travail, essayez toujours de vous réserver un peu de temps pour la cuisine.

Ingrédients   *Pour 4 personnes*

2 gousses d'ail non pelées, coupées en 2	sel et poivre au goût
6 c. à soupe d'huile d'olive extra vierge	450 g (1 lb) de pâtes courtes (penne, fusilli, rigatoni, etc.)
170 g (6 oz) de thon en conserve dans l'huile d'olive	1 poignée de persil italien haché
400 g (14 oz) de tomates en conserve, en dés	2 c. à soupe de câpres

1 Dans une poêle chaude, faire revenir les gousses d'ail dans l'huile. Quand les gousses d'ail sont bien dorées, les retirer de la poêle et ajouter le thon en séparant les morceaux agglomérés à l'aide d'une fourchette avant d'ajouter les tomates. Bien mélanger et assaisonner de sel et de poivre.

2 Laisser mijoter la sauce environ 15 minutes à feu moyen. Pendant ce temps, cuire les pâtes *al dente* dans l'eau bouillante salée. Égoutter.

3 Ajouter le persil et les câpres à la sauce et mélanger avec les pâtes.

Fettuccine al sughetto agli aromi

`Fettuccine à la sauce aux herbes`

Il me revient toujours de bons souvenirs quand je prépare cette sauce. Je ne marchais pas encore que ma mère me la préparait déjà, et elle la propose aujourd'hui à ses élèves de l'école de cuisine. Si vous aimez l'arôme des herbes fraîches, cette sauce est pour vous !

truc

Le secret de cette recette est dans la sauce. Si vous utilisez de la sauce tomate maison, les résultats seront incomparables. Si vous passez un jour à la quincaillerie, il nous fera un plaisir de vous expliquer comment la préparer. Croyez-moi, quand vous ouvrirez un bocal de sauce fraîche au cœur de l'hiver, vous en aurez les larmes aux yeux de bonheur !

Ingrédients   *Pour 4 personnes*

4 c. à soupe d'olive extra vierge	1 c. à soupe d'origan séché
2 gousses d'ail émincées	950 ml (4 tasses) de purée de tomates
1 oignon émincé	sel et poivre au goût
1 branche de romarin hachée	450 g (1 lb) de fettuccine
4 feuilles de sauge hachées	240 ml (1 tasse) de crème 35 % M.G.
2 poignées de persil italien haché	55 g (½ tasse) de fromage parmigiano reggiano râpé

1 Chauffer l'huile dans une grande casserole. Ajouter l'ail, l'oignon et toutes les herbes et laisser revenir 5 minutes.

2 Ajouter la purée de tomates et assaisonner au goût. Laisser mijoter de 20 à 25 minutes. Pendant ce temps, cuire les pâtes *al dente* dans de l'eau bouillante salée. Égoutter.

3 Retirer la sauce du feu et y incorporer lentement la crème.

4 Ajouter les pâtes à la sauce et bien mélanger. Garnir de parmesan frais râpé et servir.

La ratatouille d'Elena

Voici une façon facile de préparer un accompagnement de légumes que tout le monde adore. Prête en exactement 20 minutes, la ratatouille est délicieuse avec toutes les viandes grillées. Disons que la ratatouille fait partie de mes bonnes habitudes de barbecue.

truc

Vous pourrez facilement préparer la ratatouille à l'avance. En fait, elle est encore meilleure lorsqu'on la laisse reposer une journée pour ensuite la réchauffer.

La saison des grillades concorde avec la saison de la ratatouille, pour ainsi dire. Quand les récoltes battent leur plein, sautez dans la voiture et rendez-vous au marché. Une belle promenade pour un grand classique de la cuisine d'automne !

Ingrédients Pour 6 personnes

4 c. à soupe d'huile d'olive extra vierge	1 poivron jaune en dés
1 oignon tranché	1 poivron orange en dés
2 petites aubergines en dés	400 g (14 oz) de tomates en conserve, en dés
2 courgettes en dés	sel au goût
2 poivrons rouges en dés	5 feuilles de basilic

1 Dans une grande poêle, faire chauffer l'huile avant d'y ajouter l'oignon.

2 Quand l'oignon devient transparent, ajouter l'aubergine et la laisser cuire 3 ou 4 minutes.

3 Ajouter ensuite les courgettes et les poivrons. Laisser cuire de 5 à 7 minutes supplémentaires.

4 Incorporer les tomates et laisser mijoter 10 minutes pour terminer la cuisson.

5 Assaisonner de sel et ajouter les feuilles de basilic.

6 Couvrir et laisser reposer quelques minutes avant de servir.

Aubergines au parmesan

Si cette recette ne vient pas cerner le style culinaire de ma mère, je ne sais pas laquelle pourrait le faire, car il s'agit vraiment de l'un de ses classiques. Ce n'est pas pour rien non plus si c'est le plat préféré de ma sœur et qu'elle le lui demande chaque fois qu'elle nous rend visite. Ce n'est peut-être pas le plat le plus léger que l'on pourrait imaginer mais… quand c'est bon pour le moral, ça ne peut être si mauvais pour le corps !

truc

Je connais quelques personnes qui préparent cette recette en grillant les aubergines au four. Il s'agit d'une méthode plus légère que de les frire dans l'huile, mais le résultat est loin d'être aussi savoureux. Assurez-vous également d'utiliser de la chapelure non assaisonnée, pour ne pas altérer le goût des produits. Enfin, faites-moi plaisir et essayez un morceau d'aubergine au parmesan entre deux tranches de pain de campagne… fantastique !

Ingrédients   Pour 6 personnes

5 grosses aubergines	sel au goût
4 c. à soupe de gros sel	huile végétale (pour la friture)
2 gousses d'ail émincées	2 ou 3 noix de beurre
3 c. à soupe d'huile d'olive extra vierge	110 g (1 tasse) de chapelure
800 g (28 oz) de tomates en conserve, en dés	110 g (1 tasse) de fromage parmigiano reggiano râpé
1 poignée de basilic haché	500 g (18 oz) de fromage mozzarella râpé

Dégorger les aubergines

1 Peler d'abord les aubergines et les couper en tranches de 1 cm sur la longueur.

2 Disposer les tranches d'aubergine sur une plaque trouée (idéalement au-dessus de l'évier ou d'un drain quelconque, car elles perdront leur eau en dégorgeant).

3 Répartir le gros sel sur les aubergines en les empilant sur la plaque en 2 ou 3 couches superposées et les laisser dégorger de 25 à 30 minutes.

Sauce

1 Dans une petite casserole, faire revenir l'ail dans l'huile d'olive.

2 Ajouter ensuite les tomates et le basilic. Saler et laisser mijoter environ 15 minutes.

Friture

1 Essuyer l'excédent de gros sel sur les aubergines.

2 Préparer une poêle remplie au quart d'huile végétale chaude pour faire frire chaque tranche d'aubergine des 2 côtés. (Il faudra ajouter de l'huile plusieurs fois au cours de l'opération.)

3 Quand les tranches d'aubergine sont bien dorées de chaque côté, les égoutter à l'aide d'une spatule et les déposer sur un papier absorbant pour enlever l'excédent d'huile.

Montage

1 Préchauffer le four à 190 °C (375 °F).

2 Dans un plat allant au four (25 x 33 cm), étendre une couche de sauce et y ajouter 2 ou 3 noix de beurre.

3 Étaler ensuite une rangée de tranches d'aubergines et la recouvrir de sauce, de chapelure et des fromages parmesan et mozzarella.

4 Répéter les opérations pour obtenir 3 couches et terminer par le fromage.

5 Cuire de 25 à 30 minutes. Laisser reposer 5 minutes et servir.

Pommes de terre farcies

Ma mère a fait plusieurs apparitions à la populaire émission de cuisine de Josée di Stasio. Chaque fois, les téléspectateurs semblent apprécier ses recettes et plusieurs d'entre eux débarquent à la quincaillerie pour la rencontrer et leur faire part de leur satisfaction. Cette recette est sans l'ombre d'un doute le plus grand succès télévisuel de ma mère. Bravo maman !

truc

Vous pouvez doubler la quantité de carottes et d'oignon afin d'obtenir davantage de légumes d'accompagnement.
La farce peut également être préparée à l'aide d'un hachoir à viande.
Vous pouvez aussi récupérer la chair vidée des pommes de terre pour l'ajouter à une soupe.
La farce ou le reste de la farce peut même servir à faire des boulettes que vous cuirez dans une sauce tomate pour préparer un plat de pâtes.

Ingrédients   Pour 4 à 6 personnes

Pommes de terre	Farce
10 pommes de terre moyennes Yukon Gold ou Idaho	250 g (9 oz) de saucisses italiennes douces
1 c. à soupe d'huile d'olive extra vierge	2 grosses gousses d'ail hachées
3 c. à soupe de beurre	1 oignon haché
1 gros oignon ciselé	1 poignée de persil italien haché
5 carottes en rondelles	140 g (5 oz) de pancetta fumée ou de bacon maigre haché
sel et poivre au goût	1 œuf
4 c. à soupe d'huile d'olive extra vierge	sel et poivre au goût
1 bonne poignée d'herbes fraîches hachées (thym, persil italien et romarin)	
240 ml (1 tasse) de bouillon de poulet (p. 018)	

Pommes de terre

1 Peler les pommes de terre et les rincer à l'eau froide. Couper ensuite une fine tranche sur chacune d'elles pour avoir accès à la chair et les vider à l'aide d'une cuillère parisienne. Conserver les pommes de terre et les tranches coupées dans l'eau froide jusqu'au moment de les farcir pour éviter qu'elles s'oxydent.

2 Dans une grande poêle, chauffer l'huile et le beurre à feu moyen, puis faire revenir l'oignon ciselé et les carottes environ 10 minutes. Assaisonner et déposer ensuite dans un plat bien huilé allant au four.

Farce

1 Retirer la chair à saucisse des boyaux.

2 Mettre tous les ingrédients pour la farce dans un robot culinaire. Poivrer et faire tourner le robot quelques secondes pour bien mélanger les ingrédients.

3 Huiler légèrement et assaisonner l'intérieur des pommes de terre. Farcir les pommes de terre et les déposer sur le lit de carottes et d'oignon. Replacer la tranche coupée sur chaque pomme de terre, huiler et saler légèrement, puis parsemer d'herbes hachées. Verser le bouillon dans le plat.

4 Couvrir de papier d'aluminium et cuire 15 minutes au four préchauffé à 190 °C (375 °F). Découvrir et poursuivre la cuisson une heure ou jusqu'à ce que les pommes de terre soient tendres. Arroser les pommes de terre à quelques reprises pendant la cuisson et ajouter du bouillon au besoin.

Spezzatino di vitello con cipolle e funghi

Ragoût de veau aux oignons et aux champignons

J'aime beaucoup la cuisine réconfortante. Les plats que l'on cuit plusieurs heures à feu doux et à bouillonnement léger sont habituellement mes favoris. Cette recette de veau est parfaite pour rassasier une famille ou un groupe d'amis affamés. En saison, il est possible de trouver une grande variété de champignons au Québec. Encouragez les cueilleurs québécois et profitez des produits locaux en essayant cette recette avec différentes sortes de champignons.

Ingrédients   Pour 6 personnes

3 c. à soupe d'huile d'olive extra vierge

170 g (6 oz) de beurre (60 g pour le veau, 55 g pour les champignons et 55 g pour les oignons verts)

900 g (2 lb) de veau de lait en gros cubes

2 oignons en dés

1 c. à soupe de farine tout usage

240 ml (1 tasse) de vin blanc sec

400 g (14 oz) de tomates en conserve, en dés

2 gousses d'ail émincées

5 branches de thym effeuillées et hachées

3 feuilles de laurier

sel et poivre au goût

170 g (6 oz) de champignons café tranchés

4 oignons verts hachés

1 c. à soupe de sucre

4 c. à soupe d'eau

truc

Essayez d'utiliser une grande poêle pour la cuisson du veau. Ceci dit, une poêle en terre cuite donne toujours de meilleurs résultats pour ce genre de plat, car elle répartit la chaleur uniformément. Ces poêles sont aussi très abordables.

Au Québec, nous confondons souvent les échalotes et les oignons verts. Les échalotes ressemblent à des oignons ordinaires, mais elles sont environ deux fois plus petites et leur bulbe a la forme d'un œuf. Les oignons verts, quant à eux, possèdent de longues tiges vertes et leur bulbe blanc est habituellement peu développé.

Ce plat se sert très bien avec une polenta (p. 024) ou des verdures ripassate (p. 045) !

1 Dans une grande sauteuse, faire chauffer l'huile d'olive et 55 g (2 oz) de beurre.

2 Ajouter les cubes de veau et les faire colorer sur tous les côtés (en 3 étapes pour bien saisir et non bouillir).

3 Remettre toute la viande dans la poêle, ajouter ensuite les oignons et les laisser revenir 2 ou 3 minutes.

4 Saupoudrer la viande de farine. Déglacer ensuite la poêle avec le vin blanc et laisser réduire presque à sec.

5 Ajouter les tomates, l'ail, le thym et les feuilles de laurier. Assaisonner au goût et laisser mijoter à feu doux 50 minutes.

6 Pendant ce temps, dans une autre poêle, chauffer 55 g (2 oz) de beurre et faire revenir les champignons quelques minutes. Assaisonner légèrement et réserver.

7 Dans une troisième poêle, faire chauffer le reste du beurre. Ajouter ensuite les oignons verts, le sucre et l'eau. Laisser caraméliser les oignons verts jusqu'à ce qu'ils soient bien dorés.

8 Quand la période de cuisson du veau est presque terminée, incorporer les champignons et les oignons verts à la grande poêle. Laisser cuire de 10 à 15 minutes et servir.

Lapin à la crème

Cette recette est le péché mignon de mon cousin Mauro. Je pense sincèrement qu'il pourrait en manger tous les jours de la semaine. Quoi qu'il en soit, si vous n'êtes pas certain d'aimer le lapin, donnez-lui une chance en le cuisinant de cette façon. Je suis sûr que vous le tiendrez par la suite en haute estime.

truc

Choisissez un beau lapin dodu. Portez une attention particulière aux cuisses de votre lapin : elles devraient être bien fermes et musclées. Si vous vous entendez bien avec votre boucher, je suis sûr qu'il se fera un plaisir de couper le lapin pour vous. Par ailleurs, si vous avez déjà bu tout le brandy de votre bar, remplacez-le par du cognac !

Ingrédients   *Pour 4 personnes*

1 lapin de 1,3 kg (3 lb) coupé en morceaux

4 feuilles de sauge hachées

2 branches de romarin effeuillées et hachées

110 g (4 oz) de pancetta ou de bacon en dés

110 g (4 oz) de beurre

120 ml (½ tasse) de brandy

120 ml (½ tasse) de vin blanc sec

240 ml (1 tasse) de crème 35 % M.G.

sel et poivre au goût

1 Préchauffer le four à 200 °C (400 °F).

2 Déposer le lapin dans un plat pouvant aller au four. Ajouter les fines herbes, la pancetta et la moitié du beurre.

3 Bien mélanger les ingrédients et enfourner le lapin 45 minutes. Arroser d'eau de temps en temps si nécessaire. Retirer le lapin du plat lorsqu'il est cuit et le réserver au chaud.

4 Pour préparer la sauce, chauffer le jus de cuisson et déglacer le fond du plat avec le brandy. (S'assurer que votre plat de cuisson résistera à la chaleur de la flamme ou de l'élément.)

5 Quand le liquide est bien chaud, flamber le brandy. Bien gratter le fond du plat pour récupérer tous les sucs de cuisson.

6 Ajouter le vin et laisser réduire presque à sec.

7 Incorporer la crème et laisser la sauce réduire jusqu'à ce qu'elle épaississe un peu.

8 Placer la sauce dans un mélangeur et la broyer pour qu'elle devienne la plus onctueuse possible.

9 Réchauffer la sauce et la verser sur le lapin. Servir immédiatement !

Cailles à la sauce veloutée

Une autre recette classique de ma mère. Je vous avoue que je n'ai jamais été transcendé par le goût des cailles, mais cette recette est réellement délicieuse. Mangez ces petits oiseaux avec vos mains et ils vous fondront en bouche. La chair la plus savoureuse se trouve autour des os. N'ayez pas peur de gruger !

truc

Il faut choisir les bonnes cailles. Elles doivent être bien dodues et aussi fraîches que possible. Vous pouvez aussi leur ficeler les cuisses : elles seront plus faciles à cuire et vous serez certain qu'elles resteront intactes au cours de la cuisson. Les résultats seront incomparables si vous utilisez votre propre bouillon maison pour la cuisson. Ma mère a expérimenté cette recette avec plusieurs sortes de porto et, encore une fois, il s'avère que le Bin 57 de la maison Fonseca donne les meilleurs résultats.

Ingrédients   Pour 4 personnes

8 cailles	1 poignée de basilic effeuillé et haché
sel et poivre au goût	2 c. à soupe de persil italien haché
8 tranches de bacon	240 ml (1 tasse) de porto
110 g (4 oz) de beurre	1 c. à soupe de farine tout usage
2 c. à soupe d'huile d'olive extra vierge	480 ml (2 tasses) de bouillon de poulet (p. 018)
1 branche de romarin effeuillée et hachée	55 g (½ tasse) de fromage emmental râpé
5 feuilles de sauge hachées	

1 Assaisonner les cailles de sel et de poivre, puis les enrober d'une tranche de bacon et les ficeler avec de la corde de boucher ou fixer le bacon tout simplement avec un cure-dents.

2 Chauffer 85 g (3 oz) de beurre et l'huile d'olive dans une casserole pour y faire revenir les cailles.

3 Ajouter ensuite les fines herbes et déglacer avec le porto.

4 Réduire à feu moyen et laisser mijoter 15 minutes.

5 Pendant ce temps, préparer la sauce veloutée en faisant d'abord fondre à feu moyen le restant du beurre dans une petite casserole. Incorporer la farine pour obtenir un roux.

6 Verser le bouillon petit à petit en brassant continuellement.

7 Laisser cuire 5 à 10 minutes et retirer du feu avant d'ajouter le fromage.

8 Disposer les cailles sur une assiette de présentation bien chaude.

9 Verser le jus de cuisson des cailles dans la sauce veloutée. Bien mélanger, et en napper les cailles au moment de servir.

Insalata di baccala

Salade de morue salée

Cette recette fait partie du patrimoine familial et nous en mangeons d'aussi loin que je puisse me rappeler. Elle vieillit cependant très bien, car, chaque année, la veille de Noël, ma famille et moi en mangeons avec bonheur.

truc

Choisissez un filet de morue salée de bonne taille et de bonnes proportions. La chair devrait être blanche et exempte de taches jaunâtres. Quand la morue est cuite, prenez le temps d'y goûter pour vous donner une idée de l'assaisonnement nécessaire par la suite. Enfin, assurez-vous d'utiliser une huile d'olive de bonne qualité pour obtenir le meilleur résultat possible.

Ingrédients *Pour 4 personnes*

450 g (1 lb) de morue salée

5 filets d'anchois émincés

1 demi-bulbe de fenouil tranché finement

2 gousses d'ail émincées

2 poivrons rouges marinés dans le vinaigre et coupés en lanières

110 g (4 oz) d'olives noires

1 poignée de persil italien haché

le jus de 1 citron

4 c. à soupe d'huile d'olive extra vierge

sel et poivre au goût

1 Dessaler la morue en la laissant tremper dans l'eau froide 36 heures. Changer l'eau toutes les 8 heures.

2 Égoutter la morue et la blanchir 5 minutes dans de l'eau bouillante.

3 Dans un grand bol, émietter la morue et ajouter tout le reste des ingrédients et bien mélanger.

4 Assaisonner de sel et de poivre au goût.

Calmars farcis

Il est toujours difficile de trouver des calmars tout court, alors que dire des calmars frais ? Si jamais vous avez la chance de tomber sur un arrivage, essayez cette recette que j'ai empruntée à ma mère. Elle les apprête de manière toute simple, mais le résultat a de quoi nous faire courir les poissonneries pour mettre la main sur la bête en question !

truc

Faites tremper les calmars dans du lait pour les attendrir. Aussi, ne les farcissez pas trop, car ils risquent de se rétracter à la cuisson. Si jamais la sauce devient trop épaisse au cours de la cuisson, n'hésitez pas à y ajouter un peu de vin blanc.

Ingrédients   Pour 4 personnes

900 g (2 lb) de calmars entiers nettoyés	sel et poivre au goût
2 gousses d'ail émincées	400 g (14 oz) de tomates en conserve, en dés
1 poignée de persil italien haché	3 feuilles de laurier
3 c. à soupe de chapelure	120 ml ($^1/_2$ tasse) de vin blanc sec
6 c. à soupe d'huile d'olive extra vierge	

1 Séparer d'abord les tentacules du corps des calmars. Hacher finement les tentacules et les déposer dans un bol.

2 Ajouter 1 gousse d'ail, le persil, la chapelure et l'huile d'olive aux tentacules. Bien mélanger et assaisonner au goût.

3 Remplir les calmars de cette farce et en refermer l'extrémité avec un cure-dents (ne pas oublier mon conseil !).

4 Déposer les calmars farcis dans un plat allant au four et ajouter les tomates, les feuilles de laurier et l'autre gousse d'ail. Mouiller le tout avec le vin blanc et assaisonner de sel et de poivre.

5 Cuire les calmars au four à 190 °C (375 °F) pendant 40 minutes (20 minutes à couvert et 20 minutes à découvert), en les retournant à mi-cuisson.

6 Après 40 minutes, vérifier la cuisson à l'aide d'une fourchette. La fourchette devrait pénétrer le calmar sans résistance.

7 Servir immédiatement.

Ciambella aux agrumes

Un dessert léger ou un petit déjeuner parfait. Ce gâteau aux agrumes vous fera sourire, surtout le matin, si vous l'accompagnez d'un cappuccino bien mousseux. Bonne journée tout le monde!

truc

C'est une excellente idée d'intégrer de la poudre d'amande au mélange. Retirez 56 g (2 oz) de farine tout usage et remplacez-la par la même quantité de poudre d'amande. Une autre façon facile de modifier ce gâteau consiste à remplacer le lait par de la crème. Il n'est pas nécessaire d'utiliser la crème 35 % M.G. La crème à 15 % fait très bien l'affaire. Si vous ne trouvez pas la levure préparée de la marque Bertolini ou Paneangeli, remplacez-la par 1 c. à thé de poudre à pâte ordinaire et 1 c. à thé d'extrait de vanille concentré.

Ingrédients   *Pour 6 personnes*

225 g (1 $^3/_4$ tasse) de farine tout usage

135 g ($^3/_4$ tasse) de sucre

4 jaunes d'œufs

120 ml ($^1/_2$ tasse) de lait

16 g (1 sachet) de levure préparée

le zeste de 1 citron

le zeste de 1 orange

225 g (8 oz) de beurre ramolli et taillé
en petits morceaux

Garniture

120 ml ($^1/_2$ tasse) de yogourt nature

2 c. à soupe de miel

2 c. à soupe de jus d'orange

1 Préchauffer le four à 190 °C (375 °F).

2 Graisser un moule rond à cheminée de 21 cm de diamètre.

3 Passer tous les ingrédients au robot culinaire et les mélanger jusqu'à obtenir une pâte onctueuse.

4 Verser le mélange à gâteau dans le moule et le cuire au four de 25 à 30 minutes.

5 Mélanger ensemble les ingrédients de la garniture et servir avec la ciambella!

Courtiser une fille

et séduire les beaux-parents

La première fois que j'ai été invité à la télé, à l'émission de Josée di Stasio, j'ai proposé aux téléspectateurs de cuisiner une pizza à la personne qu'ils voulaient séduire. Depuis ce temps, on me demande assez souvent des conseils culinaires pour cette première rencontre cruciale. J'ai donc décidé de vous proposer deux menus qui me semblent propices à la séduction : un pour les femmes et un qui vous fera peut-être tomber dans les bonnes grâces de vos beaux-parents. Il y a aussi l'en-cas du succès : le déjeuner au lit surprise pour le premier matin en bonne et heureuse compagnie !

Bresaola
à la roquette

Ce plat, que je sers souvent en entrée, est une variation d'une recette italienne qu'on prépare habituellement avec du prosciutto. Vous pouvez aussi le préparer sans roquette, en garnissant simplement la bresaola de jus de citron et de parmesan frais râpé.

truc

Il n'y a pas vraiment de truc pour cette recette, si ce n'est qu'il est possible de remplacer la bresaola par du prosciutto. En fait, si vous parvenez à rater ce plat, je vous suggère de sortir de la cuisine immédiatement !

Ingrédients   Pour 2 personnes

10 tranches de bresaola	2 c. à thé de vinaigre balsamique
2 poignées de roquette	1 c. à soupe de fromage parmigiano reggiano râpé
2 c. à soupe d'huile d'olive extra vierge	sel et poivre au goût

1 Étendre les tranches de bresaola sur une assiette en créant un motif floral pour que la surface de l'assiette soit complètement couverte.

2 Déposer ensuite la roquette sur la bresaola.

3 Mélanger l'huile, le vinaigre balsamique et assaisonner de sel et de poivre pour obtenir une vinaigrette légère.

4 Verser la vinaigrette sur la roquette.

5 Râper un peu de parmesan sur l'assiette pour compléter la présentation.

6 Ne pas oublier la petite touche de poivre en grains !

Penne aux poivrons rôtis et au mascarpone

Cette recette devrait vous faire marquer des points bien mérités dans votre projet de conquête. La préparation en est toute simple et je vous promets qu'elle adorera (à moins qu'elle ne souffre d'intolérance au lactose!). De toute manière, vous ne pourrez qu'impressionner, car vous démontrerez votre maîtrise de l'art culinaire tout en discutant nonchalamment. Qui a dit que les hommes ne pouvaient faire deux choses à la fois?

truc

Achetez des poivrons de couleurs différentes pour que le plat soit appétissant pour l'œil. Si vous ne trouvez pas les deux couleurs, contentez-vous des poivrons rouges. N'utilisez pas, je répète, n'utilisez pas de poivrons verts seuls. Le mascarpone se trouve dans la plupart des épiceries. Si jamais vous n'en trouvez pas, utilisez environ ³/₄ tasse de crème 35 % M.G. et laissez réduire la sauce un peu plus longtemps.

Ingrédients   Pour 2 personnes

2 c. à soupe d'huile d'olive extra vierge	3 feuilles de basilic ciselées
55 g (2 oz) de pancetta fumée ou de bacon en petits dés	3 c. à soupe de fromage mascarpone
	sel au goût
2 oignons verts hachés	225 g (¹/₂ lb) de penne (ou d'autres pâtes courtes au choix)
1 poivron jaune grillé et coupé en lanières	
1 poivron rouge grillé et coupé en lanières	2 c. à soupe de fromage parmigiano reggiano râpé

1 Faire chauffer l'huile dans une poêle.

2 Faire revenir la pancetta jusqu'à ce qu'elle soit presque croustillante.

3 Ajouter les oignons verts.

4 Incorporer les poivrons, le basilic et le mascarpone et laisser cuire 2 ou 3 minutes.

5 Saler au goût.

6 Faire cuire les pâtes dans l'eau salée pour qu'elles soient *al dente*. Égoutter.

7 Bien mélanger les pâtes à la sauce, saupoudrer de parmesan et servir.

Frittelle di mele

Beignets aux pommes

Il s'agit d'un de mes desserts favoris de tous les temps. Je dois vous avouer qu'il m'est déjà arrivé de manger toute une recette d'une traite, en compagnie d'une amie. Ai-je besoin d'en rajouter pour vous convaincre?

truc

Je vous suggère des pommes reinettes pour cette recette, mais vous pouvez les remplacer par des Délicieuses ou, dans le pire des cas, des Macintosh. Un peu de crème glacée à la vanille et du sirop d'érable accompagnent à merveille ce dessert!

Ingrédients **Pour environ 10 frittelle**

85 g ($^2/_3$ tasse) de farine tout usage	165 ml ($^2/_3$ tasse) de lait
30 g ($^1/_4$ tasse) de poudre d'amande	225 g ($^1/_2$ lb) de pommes reinettes
1 œuf	2 c. à soupe de grappa (ou de jus de citron)
1 c. à thé de sucre	huile végétale, de tournesol ou autre (pour la friture)
1 pincée de sel	1 c. à soupe de sucre à glacer

1 Dans un bol, mélanger la farine, la poudre d'amande, l'œuf, le sucre et le sel.

2 Incorporer doucement le lait au mélange afin d'obtenir une pâte assez liquide pour napper les pommes avant de les frire. Laisser reposer le mélange 30 minutes au réfrigérateur.

3 Laver les pommes et les peler. À l'aide d'un vide-pomme, retirer le cœur des pommes et les couper en tranches d'environ 1 cm (elles auront la forme de petits beignets).

4 Déposer les tranches de pommes dans un bol et les humecter de grappa pour ne pas qu'elles s'oxydent.

5 Faire chauffer l'huile à 190 °C (375 °F) dans une poêle à frire et y cuire les pommes après les avoir trempées dans la pâte. (Ouvrez vos fenêtres, fermez les portes de vos chambres, l'odeur de la friture n'est pas particulièrement agréable et elle persiste!)

6 Frire les tranches de pommes pour qu'elles soient bien dorées des deux côtés et les égoutter sur du papier absorbant pour enlever l'excédent d'huile.

7 Déposer quelques beignets de pommes dans des assiettes à dessert et les saupoudrer de sucre à glacer.

Crostoni aux œufs et aux épinards

Alors, récapitulons : la soirée d'hier a été un succès et vous avez passé la nuit en agréable compagnie. Il s'agit maintenant de finir la rencontre en beauté pour commencer la journée. Je présente ici une version pour nourrir les dames en toute légèreté. Par contre, si vous êtes une dame cuisinant pour votre partenaire mâle, ajoutez une ou deux tranches de prosciutto ou de jambon pour qu'il se refasse une santé de fer !

truc

Utilisez le meilleur pain possible pour cette recette. Si vous avez accès à un barbecue pour griller le pain, le résultat final sera encore meilleur. Assurez-vous que l'espace que vous creusez dans la garniture est assez profond pour y loger entièrement l'œuf. Enfin, si les performances de la veille en ont vraiment valu la peine, couronnez-le tout d'un peu de fromage fontina. On aime tous le fromage fondu !

Ingrédients   Pour 2 personnes

2 c. à soupe de beurre	sel et poivre au goût
450 g (1 lb) d'épinards nains	2 tranches de pain campagnard
55 g (½ tasse) de fromage parmigiano reggiano râpé	2 œufs
	1 filet d'huile d'olive

1 Préchauffer le four à 190 °C (375 °F).

2 Utiliser un peu de beurre pour graisser le fond d'une plaque à pizza non perforée.

3 Faire fondre le reste du beurre dans une poêle et faire revenir les épinards de 5 à 7 minutes.

4 Avant de retirer la poêle du feu, ajouter la moitié du parmesan, assaisonner de sel et de poivre, et bien mélanger.

5 Disposer les tranches de pain sur la plaque et répartir l'appareil d'épinards également sur chacune d'elles.

6 Sur chaque tranche de pain, creuser un trou au centre de l'appareil d'épinards et y casser un œuf.

7 Recouvrir du reste de fromage parmesan.

8 Cuire au four de 10 à 15 minutes, jusqu'à ce que le blanc d'œuf soit cuit.

9 Garnir d'un trait d'huile d'olive et servir.

Crostoni au chèvre et aux champignons

Du plus simple appareil de tomate à la plus complexe des mousses de foie de volaille, il existe autant de garnitures pour les crostoni qu'il peut exister d'imaginations de cuisiniers. Quelle que soit la combinaison que vous choisissez, ces bouchées sont toujours populaires. Dans ce cas-ci, je vous suggère de les cuisiner pour vos beaux-parents. Ne ratez donc pas votre coup !

truc

Essayez autant que possible de choisir un bon fromage de chèvre pour cette recette. Et pendant que vous y êtes, pourquoi ne pas acheter un produit d'ici, sachant que les fromages de chèvre québécois sont parmi les meilleurs au monde. Si vous voulez varier un peu cette recette, utilisez des champignons sauvages comme des chanterelles ou des bolets.

Ingrédients   Pour 4 à 6 personnes

1 pain de campagne	le jus de 1 citron
3 c. à soupe d'huile d'olive extra vierge	55 g (2 oz) de fromage de chèvre émietté
1 gousse d'ail coupée en 2	2 c. à soupe de persil italien haché finement
195 g (7 oz) de champignons de Paris hachés	sel et poivre au goût

1 Couper le pain de campagne en tranches de 1 cm, enduire chaque tranche d'huile d'olive et les griller au four jusqu'à ce qu'elles soient dorées des 2 côtés. Frotter les demi-gousses d'ail sur le pain. Réserver.

2 Chauffer l'huile d'olive dans une poêle. Faire sauter les champignons jusqu'à ce qu'ils soient bien tendres.

3 Déposer les champignons dans un bol. Ajouter le jus de citron, le fromage de chèvre et le persil. Assaisonner le mélange et le disposer sur les croûtons.

Mini panini aux pommes de terre

Ces pommes de terre assemblées comme de petits sandwichs sont fabuleuses lorsqu'elles sont servies chaudes et que le fromage est complètement fondu. Si vous faites la cuisson et l'assemblage des pommes de terre à l'avance, il ne vous restera qu'à les réchauffer rapidement à l'arrivée des invités.

truc

Le scamòrza risque d'être un peu difficile à trouver, mais vous pouvez le remplacer par un autre fromage qui n'est pas trop salé et qui fond facilement (mozzarella, fontina ou aussi cheddar).

Ingrédients   Pour 4 personnes

450 g (1 lb) de pommes de terre grelots	110 g (4 oz) de prosciutto (les tranches déchirées en 2 sur le sens de la longueur)
200 g (7 oz) de fromage scamòrza fumé, coupé en petits cubes	sel et poivre au goût
2 c. à soupe de beurre	

1 Cuire les pommes de terre à l'eau bouillante salée et les égoutter avant qu'elles ne deviennent trop tendres.

2 Couper les pommes de terre en 2 et insérer un morceau de fromage au milieu de chaque pomme de terre pour former un sandwich.

3 Enrober d'une tranche de prosciutto et insérer un cure-dents pour maintenir le tout. Assaisonner de sel et de poivre au goût.

4 Dans une poêle, faire revenir les pommes de terre au beurre pour que le prosciutto devienne légèrement croustillant. Déposer les pommes de terre sur une plaque à biscuits et les mettre au four à 180 °C (350 °F) jusqu'à ce que le fromage soit fondu.

Velouté de courgettes au basilic

C'est une soupe parfaite pour commencer un bon repas. Sa texture onctueuse est géniale et le goût du basilic fait plaisir aux papilles. Servez-la avec des croûtons et du parmesan frais râpé.

truc

Vous trouverez des courgettes à peu près partout et en tout temps. Mais la meilleure période pour préparer cette soupe demeure le temps des récoltes. Plusieurs variétés de courgettes sont alors disponibles et elles ont toutes une saveur différente. Si vous avez un taux de cholestérol élevé, vous pouvez omettre les œufs lors de la préparation.

Ingrédients   Pour 4 à 6 personnes

4 c. à soupe d'huile d'olive extra vierge

2 c. à soupe de beurre ramolli

1 gousse d'ail émincée

1 gros oignon émincé finement

2 pommes de terre pelées et coupées en dés

5 courgettes tranchées

1,5 l (6 tasses) de bouillon de poulet (p. 018)

sel et poivre au goût

12 feuilles de basilic hachées finement

2 œufs

4 c. à soupe de fromage parmigiano reggiano râpé

1 Faire chauffer l'huile et la moitié du beurre dans une grande poêle. Faire sauter l'ail et l'oignon à faible température jusqu'à ce que ce dernier soit doré (et non brun).

2 Ajouter les pommes de terre en les mélangeant bien à l'oignon. Faire cuire à basse température environ 10 minutes.

3 Ajouter les courgettes et laisser revenir à feu moyen 3 ou 4 minutes avant d'incorporer le bouillon de poulet. Assaisonner de sel et de poivre au goût. Amener lentement à ébullition et laisser mijoter à feu moyen une quarantaine de minutes.

4 Réduire la soupe en purée à l'aide d'un mélangeur ou d'un robot culinaire.

5 Dans un grand bol à mélanger, fouetter le basilic, les œufs, le reste du beurre et le parmesan.

6 Ajouter le mélange de courgettes lentement, toujours en fouettant.

7 Mettre la préparation dans une casserole et réchauffer la soupe à feu doux quelques minutes. Servir avec du parmesan râpé.

Roulés de veau, sauce aux haricots

Ces rouleaux sont splendides. La farce est savoureuse et la sauce aux haricots vient parfaitement relever le tout. Bref, deux excellentes recettes pour le prix d'une!

Ingrédients   *Pour 4 personnes*

6 c. à soupe d'huile d'olive extra vierge	1 œuf
140 g (5 oz) de champignons café émincés	8 escalopes de veau (de belles grandes tranches)
1 gousse d'ail hachée finement	4 c. à soupe de farine tout usage
2 c. à soupe de persil italien haché	1 c. à soupe de beurre
310 g (11 oz) de haricots verts	55 g (2 oz) de pancetta ou de bacon en dés
140 g (5 oz) de veau haché	400 g (14 oz) de tomates en conserve, en dés
55 g (1/2 tasse) de fromage pecorino romano râpé	2 c. à soupe d'huile de piments forts
4 c. à soupe de fromage parmigiano reggiano râpé	sel et poivre au goût

1 Dans une grande poêle, chauffer 2 c. à soupe d'huile d'olive et y faire revenir quelques minutes les champignons avec l'ail et la moitié du persil. Laisser refroidir.

2 Pendant ce temps, parer les haricots verts pour les blanchir dans l'eau bouillante salée de 3 à 5 minutes. Ils ne doivent pas être complètement cuits. Réserver.

3 Dans un grand bol, mélanger le veau haché, le mélange de champignons, les 2 sortes de fromage, l'œuf et le reste du persil.

4 Disposer la garniture également sur chacune des escalopes. Rouler les escalopes et les maintenir en place à l'aide de ficelle de boucher ou en utilisant deux cure-dents par rouleau. Fariner les rouleaux en prenant soin d'éliminer l'excédent de farine.

5 Faire chauffer le reste de l'huile et le beurre pour saisir les rouleaux sur tous les côtés en les retournant fréquemment. Ils ne doivent toutefois pas être complètement cuits. Retirer les rouleaux de la poêle.

6 Dans la même poêle, faire revenir la pancetta jusqu'à ce qu'elle devienne translucide. Ajouter ensuite les tomates et terminer par les haricots verts et l'huile de piments forts. Assaisonner au goût.

7 Incorporer les rouleaux de veau à la sauce et laisser mijoter de 10 à 15 minutes. Servir immédiatement (ne pas oublier d'enlever la corde de boucher ou les cure-dents avant de servir!).

Le meilleur tiramisu

Un seul mot en tête… DIVIN !

Ingrédients   Pour 6 à 8 personnes

480 ml (2 tasses) de café espresso liquide

120 ml ($^1/_2$ tasse) de sambuca

5 œufs séparés

120 g ($^2/_3$ tasse) de sucre

450 g (1 lb) de fromage mascarpono

2 boîtes de biscuits Pavesini
ou 1 de Savoiardi (400 g)

4 c. à soupe de cacao

1 Couler le café et le mélanger à la sambuca. Laisser refroidir.

2 Dans un bol, battre les jaunes d'œufs et le sucre.

3 Incorporer ensuite le fromage mascarpone et bien mélanger.

4 Monter les blancs d'œufs en neige ferme avant de les plier doucement dans l'appareil de mascarpone.

5 Tremper un à un les biscuits Pavesini ou Savoiardi dans le mélange de café refroidi et les étaler au fond d'un moule à gâteau rectangulaire de 25 x 30 cm.

6 Recouvrir les biscuits avec la moitié du mélange de mascarpone et saupoudrer de cacao.

7 Disposer une autre rangée de biscuits trempés dans le café et les recouvrir du reste du mélange de mascarpone avant de saupoudrer à nouveau de cacao.

8 Laisser reposer au réfrigérateur 24 heures.

Soirées

de gars

Ce chapitre final est dédié aux hommes. Désolé mesdames, mais vous n'êtes pas sans savoir que, de temps à autre, votre partenaire doit aller refaire ses énergies aux côtés de ses mâles compagnons. Que ce soit pour une bonne bouffe, une partie de sport quelconque ou une petite virée dans les bars, un bon moment « entre gars », c'est assez dur à battre.

« Grilled cheese » au prosciutto et au parmesan

C'est ce que j'appelle un « grilled cheese » de luxe. Les ingrédients semblent particulièrement simples, mais ils prennent tout leur sens lorsqu'on leur ajoute la purée de truffe. Essayez de trouver un produit de bonne qualité et ajoutez-en une petite quantité dans chaque sandwich. Il n'y a rien de trop beau pour nourrir un groupe de *chums*!

truc

Vous trouverez la purée de truffe dans la plupart des épiceries italiennes spécialisées, où on la garde habituellement sous clef. Vous pouvez également utiliser une purée contenant un mélange de truffe et de bolet, qui fait très bien l'affaire. Pour ce qui est du fromage, si vous n'aimez pas le parmesan (que faites-vous avec ce livre dans les mains?), remplacez-le par un autre fromage qui vous plaît davantage.

Ingrédients   Pour 8 sandwichs

16 tranches de pain blanc	360 ml (1 ½ tasse) de lait
16 tranches de prosciutto	4 œufs battus
1 petit bocal (85 g ou 3 oz) de purée de truffe	220 g (2 tasses) de chapelure
20 copeaux de fromage parmigiano reggiano	2 c. à soupe de beurre

1 Enlever d'abord la croûte du pain au couteau.

2 Répartir les 16 tranches de prosciutto également sur 8 tranches de pain.

3 Étendre environ 1 c. à thé de purée de truffe sur le prosciutto de chacun des sandwiches.

4 Disposer le parmesan également sur chaque sandwich.

5 Couvrir avec la deuxième tranche de pain et écraser chaque sandwich avec la main.

6 Tremper les sandwichs dans le mélange de lait et œufs, et terminer avec la chapelure.

7 Faire fondre le beurre dans une poêle et cuire les sandwichs à feu moyen jusqu'à ce qu'ils aient une belle couleur dorée.

Ciambella
au saucisson

Vous n'aviez peut-être jamais pensé posséder un jour votre propre couronne. Eh bien, c'est votre jour de chance, car vous la cuisinerez vous-même! Farcie de saucisson et de fromage, elle sera bien dorée. Si vous décidez de la porter, vous êtes peut-être légèrement brûlé, mais au moins vous aurez de quoi manger! C'est une recette parfaite pour un repas entre *boys*, où vous risquez de devenir le roi de la soirée.

truc

Voici le secret le mieux gardé. Vous pouvez préparer la ciambella à l'avance et la congeler. Lorsque vos *chums* arrivent chez vous, mettez-la au four 30 minutes à 150 ºC (300 ºF). Vous coupez ensuite la ciambella en tranches, et voilà, on sort la bière! Plus sérieusement, si vous ne trouvez pas le type de saucisson suggéré pour cette recette, utilisez du bon salami et vous devriez très bien vous tirer d'affaire.

Ingrédients

Pâte

5 c. à soupe d'eau chaude

5 c. à soupe de lait chaud

1 c. à thé de sucre

25 g (1 oz) de levure de bière

225 g (1 ³/₄ tasse) de farine tout usage

1 c. à thé de sel

2 c. à soupe de beurre ramolli

Garniture

140 g (5 oz) de saucisson sec italien

140 g (5 oz) de fromage provolone

55 g (2 oz) de pancetta ou de bacon

1 Dans un bol, mélanger l'eau, le lait, le sucre et la levure.

2 Déposer la farine, le sel et le beurre dans un robot culinaire. Combiner ces ingrédients une minute puis incorporer les éléments liquides. Mélanger.

3 Sortir la pâte du robot et la pétrir pour lui donner la forme d'une petite balle. La laisser ensuite gonfler environ 45 minutes dans un endroit chaud (le volume devrait doubler).

4 Pendant ce temps, hacher finement le saucisson, le fromage et la pancetta au robot.

5 Sur une planche de bois farinée, rouler la pâte pour former un rectangle de 35 sur 25 cm. Y étendre le mélange de viande en laissant environ 4 ou 5 cm de pâte libre tout autour, puis rouler le côté le plus large de la pâte rectangulaire.

6 Joindre ensuite les extrémités du rouleau de pâte et de viande pour former une couronne (d'où le nom de *ciambella*). S'assurer que les extrémités sont bien fermées et déposer la couronne sur une plaque à biscuits. Laisser gonfler à nouveau environ 30 ou 40 minutes.

7 Préchauffer le four à 200 ºC (400 ºF) et cuire la ciambella de 15 à 20 minutes.

8 Réduire l'intensité du four à 170 ºC (325 ºF) et poursuivre la cuisson environ 20 minutes.

Zuppa di ceci

Soupe aux pois chiches

J'adore les pois chiches. Ils sont nourrissants et bons pour la santé. Donnons ici crédit à ma sœur qui prépare une soupe ayant inspiré cette recette. Celle-ci est parfaite pour nous réchauffer quand il fait humide et froid… juste après une partie de hockey dans le parc!

truc

Les pois chiches en conserve font l'affaire quand vous êtes pressé. Par contre, si vous avez suffisamment de temps devant vous, faites-les tremper et cuire vous-même!

Ingrédients   Pour 4 à 6 personnes

4 c. à soupe d'huile d'olive extra vierge

1 oignon émincé

1 gousse d'ail émincée

85 g (3 oz) de pancetta tranchée et hachée ou de bacon

30 g (1 oz) de bolets séchés, réhydratés et hachés

1 carotte en dés

1 branche de céleri en dés

400 g (14 oz) de pois chiches en conserve égouttés et rincés

400 g (14 oz) de tomates en conserve, en dés

2 feuilles de laurier

950 ml (4 tasses) de bouillon de poulet (p. 018)

sel et poivre au goût

1   Chauffer l'huile dans une marmite pour faire sauter l'oignon, l'ail et la pancetta.

2   Ajouter les champignons, la carotte et le céleri. Laisser cuire 2 minutes avant d'ajouter les pois chiches, les tomates et les feuilles de laurier.

3   Laisser cuire de 5 à 7 minutes supplémentaires. Incorporer le bouillon et amener à ébullition.

4   Quand le liquide bout, réduire le feu et laisser mijoter à découvert de 20 à 30 minutes.

5   Quand la cuisson est terminée, verser la moitié de la soupe au mélangeur pour la réduire en purée (ou utiliser un mélangeur à main).

6   Remettre la soupe en purée dans la marmite de soupe liquide pour lui donner de la consistance. Assaisonner au goût.

7   Réchauffer quelques minutes et servir.

Pizza aux quatre fromages

Il m'aura fallu plusieurs tests, mais je crois que j'ai trouvé la combinaison de fromages parfaite pour la garniture de cette délicieuse pizza. Avant de vous la présenter dans ce livre, je l'ai fait goûter à mes *chums* de gars pendant un match de soccer et ils m'en reparlent constamment depuis. J'en déduis que c'est bon signe... quoi de mieux qu'une pizza salée et une bonne bière froide!

truc

Le fromage mozzarina est un produit fabriqué au Québec par Saputo et on le retrouve dans la plupart des épiceries. Vous pouvez toutefois le remplacer par de la mozzarella di bufala. À la limite, vous pouvez aussi utiliser du fromage mozzarella ordinaire. Achetez toujours des herbes fraîches pour préparer cette pizza et essayez de varier les combinaisons d'herbes d'une fois à l'autre.

Ingrédients

1 recette de pâte à pizza (p. 022)

4 c. à soupe d'huile d'olive extra vierge

1 poignée de basilic haché

200 g (7 oz) de fromage mozzarina tranché

80 g (³/₄ tasse) de fromage parmigiano reggiano râpé

200 g (7 oz) de fromage brie tranché

200 g (7 oz) de fromage gorgonzola en petits morceaux

4 c. à soupe d'huile de piments forts

1 poignée de persil italien haché

1 Étendre la pâte, la badigeonner d'un peu d'huile d'olive et la saupoudrer de basilic haché.

2 Étendre les 4 sortes de fromage sur la pizza et recouvrir de filets d'huile de piments forts.

3 Cuire au four à 220 °C (425 °F) de 20 à 25 minutes.

4 Cinq minutes avant que la pizza ne soit prête, la recouvrir de persil haché et terminer la cuisson. Servir immédiatement.

Penne à la pancetta et aux haricots

Quand je cuisine pour mes amis et qu'il n'y a pas d'amies, j'ai tendance à choisir des mets assez consistants. Ce doit être pour nourrir notre fierté masculine! Toute fierté mise à part, cette recette provient d'une de mes tantes qui habite l'Italie. Depuis qu'elle me l'a fait connaître lors d'une visite, je la prépare assez souvent pour contrer les froids de l'hiver. Vous cherchez un plat réconfortant? Celui-ci pourrait fort bien se classer en tête de lice.

truc

Comme toujours, essayez d'utiliser des haricots secs pour cette recette, à moins d'être coincé dans le temps. Vous faites tremper les haricots secs 12 heures et les cuisez 1 heure. Il y a parfois du bon à savoir d'avance ce que l'on veut manger!

Ingrédients **Pour 4 personnes**

4 c. à soupe de beurre

110 g (4 oz) de pancetta ou de bacon en petits dés

400 g (14 oz) de haricots Borlotti en conserve égouttés et rincés

400 g (14 oz) de tomates en conserve, en dés

sel et poivre au goût

310 g (11 oz) de penne rigate

55 g (1/2 tasse) de fromage parmigiano reggiano râpé

2 c. à thé de vinaigre balsamique

1 Dans une casserole, faire fondre le beurre.

2 Y faire revenir la pancetta de 2 à 3 minutes.

3 Ajouter les haricots et les tomates.

4 Saler et poivrer au goût.

5 Laisser mijoter à feu très doux.

6 Cuire les pâtes dans l'eau salée. Égoutter.

7 Incorporer les pâtes dans la sauce et bien mélanger.

8 Ajouter le parmesan et le vinaigre balsamique. Mélanger et servir.

Ossobucco al limone

Ossobucco au citron

Il existe un nombre infini de recettes d'ossobucco, mais à mon humble avis, il s'agit de l'une des meilleures. De plus, il est bon de changer un peu la façon de faire en utilisant autre chose qu'une quelconque sauce tomate pour la cuisson. Faites-moi confiance, vous serez séduit par la touche de saveur citronnée.

truc

En plus du citron, vous pouvez intégrer un peu de zeste d'orange aux ingrédients au cours de la préparation. Sachez aussi qu'après avoir incorporé le bouillon dans la poêle, vous pouvez choisir de poursuivre la cuisson au four à 190 °C (375 °F) environ une heure. Les jarrets sont prêts quand la viande se détache facilement de l'os.

Ingrédients — Pour 4 à 6 personnes

4 c. à soupe d'huile d'olive extra vierge	le zeste et le jus de 2 citrons
110 g (4 oz) de beurre	3 c. à soupe de farine tout usage
1 gousse d'ail émincée	6 jarrets de veau avec l'os
1 gros oignon en dés	sel et poivre au goût
2 carottes en dés	240 ml (1 tasse) de vin blanc sec
2 branches de céleri en dés	950 ml (4 tasses) de bouillon de poulet (p. 018)
1 poignée de persil italien haché	

1 Chauffer l'huile d'olive et la moitié du beurre dans une grande poêle.

2 Ajouter l'ail, l'oignon, les carottes, le céleri et le persil et laisser cuire de 5 à 7 minutes.

3 Ajouter le jus et le zeste d'un citron et laisser mijoter.

4 Pendant ce temps, fariner les jarrets de veau et les assaisonner de sel et de poivre.

5 Pousser les légumes d'un côté de la poêle et disposer les jarrets de manière à ce qu'ils soient en contact avec le fond. Colorer les jarrets des 2 côtés.

6 Déglacer au vin blanc et laisser réduire. Quand le liquide dans la poêle est presque réduit à sec, ajouter 2 ou 3 louches de bouillon et laisser mijoter à feu doux environ une heure. (Si le bouillon s'évapore trop vite, en rajouter une louche à la fois.)

7 Quelques minutes avant la fin de la cuisson, ajouter le reste du beurre et du citron.

Les biscuits de Socks

« Je ne sais pas s'il s'en rend compte, mais mon maître est vraiment chanceux que j'aie accepté de faire partie de son livre. Il me prépare ces biscuits de temps en temps, pour ma fête, ou quand je rapporte la balle, ou quand je réussis à ne pas japper lorsqu'on sonne à la porte. Je recommande sincèrement ces biscuits à tous mes amis canins. WOUF ! »

truc

« J'ai tout de même mes limites en tant que chien. Je cuisine assez peu. Je vous recommande donc de suivre les instructions à la lettre et tout devrait bien aller ! »

Ingrédients Pour environ 40 biscuits

110 g (1 tasse) de flocons d'avoine	2 c. à soupe de bouillon de poulet (p. 018)
5 c. à soupe de beurre	120 ml ($^1/_2$ tasse) de lait 2 % M.G.
240 ml (1 tasse) d'eau bouillante	110 g (1 tasse) de fromage cheddar râpé
135 g ($^3/_4$ tasse) de semoule de maïs	1 œuf battu
1 c. à soupe de sucre	220 g (1 $^3/_4$ tasse) de farine de blé

1 Dans un grand bol, mélanger les flocons d'avoine, le beurre et l'eau. Laisser reposer 10 minutes pour que l'avoine ramollisse.

2 Incorporer la semoule de maïs, le sucre, le bouillon, le lait, le fromage et l'œuf. Bien mélanger.

3 Ajouter la farine, 1 tasse à la fois, en mélangeant bien entre chacune d'elles pour former une pâte lisse et ferme.

4 Sur une surface farinée, pétrir la pâte de 3 à 4 minutes, jusqu'à ce qu'elle soit lisse et qu'elle ne colle plus.

5 Préchauffer le four à 170 °C (325 °F) et graisser une tôle à biscuits.

6 Abaisser la pâte au rouleau ou avec les mains jusqu'à ce qu'elle ait une épaisseur d'environ 1 cm. Couper ensuite la pâte à l'emporte-pièce.

7 Déposer les biscuits sur une plaque en laissant 2 cm d'écart entre chacun. Cuire de 30 à 40 minutes, jusqu'à ce que les biscuits soient d'un beau brun doré. Laisser refroidir complètement.

8 Conserver les biscuits au réfrigérateur ou au congélateur, car ils peuvent dépérir s'ils restent trop longtemps à la température de la pièce.

Index

merci !

Maman, de m'avoir transmis cette merveilleuse passion qu'est la cuisine.

Papa, pour tes paroles raisonnables et cette patience dont j'ai hérité.

Cristina, pour toute ton attention et ton aide précieuse dans la réalisation de ce livre.

Oncle Rudy, de me soutenir quand je dois me consacrer à la cuisine et de nourrir Socks quand je m'absente de la quincaillerie.

À toute la famille Vendittelli, de m'avoir donné la chance de travailler à la Quincaillerie Dante et de me faire confiance au sein de cette entreprise que vous avez fondée et vue grandir.

Isabelle, de me supporter pendant ce projet et de me laisser tout l'espace dont j'ai besoin.

Martin, d'avoir cru en moi aux côtés de ma mère, Elena. Tu m'as appris qu'un esprit ouvert vaut son pesant d'or.

Jean-François, de tenir ta parole et de donner une vie française à mes pensées en anglais.

Claudine, pour toutes ces belles photos qui me reflètent bien. Tu es une dame pleine de talent.

À l'équipe de Kuizin, pour la qualité de votre vision artistique. Vous avez réussi à faire que tout se tienne.

Marc-André, de m'avoir secondé au cours des séances de photos tout en me refilant tes petits trucs culinaires.

Alan, pour ton amitié précieuse et ton cerveau capable de convertir les quantités instantanément.

Anne, d'avoir réussi à donner aux assiettes une apparence parfaite tout en respectant ma vision.

Josée di Stasio, de m'avoir invité à ton émission. Sans cette première vitrine, je ne sais pas si je serais aujourd'hui en train d'écrire ces lignes.

Martin Balthazar, d'avoir cru au projet et de l'avoir fait avancer autour de quelques pintes au Réservoir.

À l'équipe Alt-6, qui s'est occupée du bon déroulement des opérations et de toutes les petites courses de dernière minute.

À l'agence Maxime Vanasse, d'être ouverte à toutes mes questions et de m'avoir négocié un bon contrat dans cette langue juridique qui s'apparente pour moi au chinois.

Enfin, je voudrais remercier Montréal en général et son marché Jean-Talon pour cette multitude de saveurs qui font partie de nos vies et de notre culture.

P.-S. Si vous êtes de ceux qui se sentent oubliés dans cette liste et qui me botteraient le c...., passez me voir et nous boirons un verre à nos santés respectives !

Cet ouvrage a été composé en Deadwood DoublewideLight 9/12 et achevé d'imprimer en septembre 2009 sur les presses de Solisco imprimeurs.